국어어휘력이
밥이다

국어 어휘력이 밥이다

(고등 국어 1등급중학 국어만점 프로젝트, 한자 어휘)

[교실밖 교과서®] 시리즈 NO.24

지은이 | 국밥연구소
발행인 | 김경아

2019년 7월 17일 1판 1쇄 발행
2024년 5월 18일 1판 2쇄 발행(총 3,000부 발행)

이 책을 만든 사람들
책임 기획 | 김경아
북 디자인 | 김효정
교정 교열 | 좋은글
경영 지원 | 홍종남
그림 | 양주홍
제목 | 구산책이름연구소

종이 및 인쇄 제작 파트너
JPC 정동수 대표, 천일문화사 유재상 실장, 알래스카인디고 장준우 대표

펴낸곳 | 행복한나무
출판등록 | 2007년 3월 7일. 제 2007-5호
주소 | 경기도 남양주시 도농로 34, 301동 301호(다산동, 플루리움)
전화 | 02) 322-3856 팩스 | 02) 322-3857
홈페이지 | www.ihappytree.com | bit.ly/happytree2007
도서 문의(출판사 e-mail) | e21chope@daum.net
내용문의(국밥연구소) | gookbaab@gmail.com
※ 이 책을 읽다가 궁금한 점이 있을 때는 지은이 e-mail을 이용해 주세요.

ⓒ 박기복, 2019
ISBN 979-11-88758-11-1
"행복한나무" 도서번호 : 112

국어 어휘력이 밥이다

국밥연구소 지음

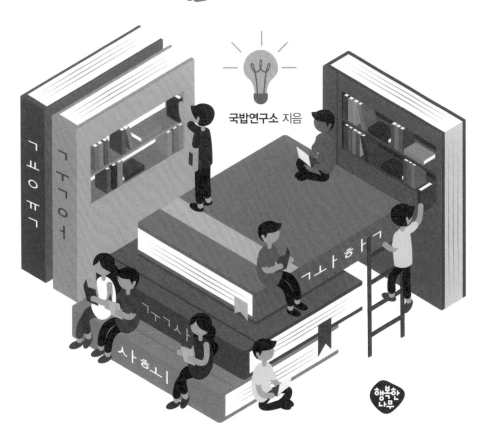

행복한
나무

어휘가 공부의 발목을 잡는다

○

○

○

대다수 학부모들은 자녀가 초등학교에 다닐 때까지는 공부를 직접 지도하기도 합니다. 그렇지만 중학교에 올라가면 잘 아는 분야가 아니면 직접 지도를 하지 않습니다. 그러다 보니 중학교에서 배우는 교과서를 자세히 읽어보지 않은 경우가 많습니다. 그런데 교과서를 읽어보면 교과서에 실린 어휘가 생각보다 꽤나 어려워서 깜짝 놀라실 것입니다. 교과서 속 어휘는 어려운 고전이나 에세이, 문학 작품에 견줘도 결코 뒤지지 않을 만큼 어렵습니다. 평소에 쉬운 소설책도 제대로 읽지 않는 학생들이 어려운 한자 어휘들에 담긴 뜻은 제대로 알고 글을 읽을까요? 어려운 어휘로 표현된 지식을 혼자 힘으로 정확히 이해하는 게 가능할까요?

어휘력 부족은 소수 학생에게만 해당할까?

연구소에서는 교과서에 뽑은 어려운 어휘를 따로 정리한 뒤, 무작위로 어휘를 골라서 학생들의 어휘 실력을 확인해보았습니다. 상당수 학생들이 30% 정도밖에 알지 못했고, 50%를 넘는 학생은 드물었으며, 특목고에 합격할 정도로 우수한 실력인 학생들도 30% 정도의 어휘는 제대로 알지 못했습니다. 다른 어휘도 아니고 교과서에 실린 어휘인데도 말이죠. 그리고 안다고 해도 막연하게, 그러려니 하고 쓰는 수준이었습니다. 특히 초등 6학년이나 중학교 1학년들은 교과서에 실린 어려운 어휘를 대충 무시하고 교과서를 읽고 있었습니다. 그냥 그러려니 하면서 막연하게 글을 이해하고 있었던 것입니다.

교과서에 실린 어휘 뜻을 모르면 교과서를 바탕으로 이루어지는 학교 공부를 제대로 이해할 수 없습니다. 교과서 공부를 제대로 하기 위해서는 교과서에 실린 어려운 어휘부터 제대로 익혀야 합니다. 어휘를 모르고서는 어휘로 표현된 지식을 습득할 수 없습니다. 특히 어려운 어휘는 문장의 핵심 뜻을 결정하기에 어휘를 제대로 모르면 핵심지식을 모른 채 넘어가게 됩니다. 어휘도 모른 채 교과서를 읽고, 강의를 듣고 있다면 아무리 많은 시간을 투자해도 제대로 된 성과를 거두기 힘들 것입니다.

「국어 어휘력이 밥이다」의 특징

첫째, 이 책에 실린 729개 어려운 어휘는 모두 교과서에 뽑았습니다.

먼저 교과서에 실린 어휘 중에서 평균적인 학생 수준에서 어렵게 여기는 어휘를 전부 골라 뽑았습니다. 이렇게 뽑은 어휘 중에서 자주 사용하는 어휘, 교과서와 책에서 자주 쓰는 어휘, 일상 언어에서 활용도가 높은 어휘만을 별도로 골랐습니다. 그렇게 골라 뽑은 어휘가 총 729개입니다.

둘째, 729개 어휘를 소설이라는 그릇에 담았습니다.

공자님은 공부가 최고로 재미있다고 논어 첫머리에서 강조합니다. 'School'도 놀이를 뜻하는 'skhole'에서 왔다고 합니다. 동서양인 모두에게 공부는 놀이요 재미였습니다. 하지만 대다수 학생들은 공부하는 재미를 느끼지 못합니다. 다른 공부도 재미없는데 어휘 공부는 더 재미가 없겠지요. 그래서 학생들에게 어휘 공부를 별도로 하라고 하면 절대로 안 하려고 합니다. 그래서 이 책에서는 어휘 학습을 최대한 재미있게 할 수 있도록 소설 속에 어휘를 집어넣었습니다.

먼저 교과서에서 뽑은 729개의 어려운 어휘를 철자 순서로 일렬로 배치했습니다. 그런 다음 어휘를 순서대로 사용해서 하나의 소설을 만들었습니다. 따라서 재미난 소설을 읽듯이 그냥 읽기만 하면 교과서에 실린 어려운 어휘 729개를 모두 접할 수 있는 것입니다.

셋째, 게임 형식을 채택했습니다.

이 책에 담긴 소설은 프로파일러가 꿈인 주인공이 여섯 명의 학생들이 실종된 사건을 추적하는 과정을 그려내고 있습니다. 주인공은 실종사건을 추적하다가 〈어휘를 파는 카페〉를 만나고, 그 카페에서 〈어휘 게임〉을 벌입니다. 그런데 이 〈어휘 게임〉 속에 등장하는 캐릭터들은 실종자들이고, 주인공은 〈어휘 게임〉을 하며 실종자들의 비밀을 조금씩 알아갑니다. 책을 읽는 학생들은 주인공이 벌이는 〈어휘 게임〉이란 형식을 통해 어휘를 익히고, 스스로 어휘게임을 하면서 활용능력을 기를 수 있습니다. 〈어휘 게임〉은 4단계, 16Level, 103개 게임으로 구성되어 있으며 실제 생활에서도 할 수 있는 게임입니다. 게임을 하듯이 이 책을 즐기면 교과서 속 어려운 어휘를 자연스럽게 익힐 수 있을 것입니다.

국밥연구소

어휘력을 높이는 3단계 훈련법

[1단계]
판타지 추리소설 속 어휘게임
국어 교과서 속 729개 어려운 어휘
가 순서대로 담긴 판타지 추리소설
이 펼쳐집니다. 모든 이야기는 처
음부터 끝까지 하나로 연결됩니다.
이야기 속에 어휘를 배치하였기 때
문에 어려운 어휘도 어렵지 않게
받아들여지고, 대략적인 뜻을 짐
작할 수 있게 하였습니다.

Level 8: 심연의 분노

[어휘게임 5]

실감, 실성, 실언, 실의, 실증, 실토, 실추

　"이 방을 볼 때마다 네 할아버님의 정성을 **실감해**. 정말 놀라운 방
이야." 영어 선생은 진심으로 감탄하며 방을 둘러봤다. 온갖 영어 책
과 교구들, DVD, 컴퓨터, 영상기기, 그리고 영어 공부에 어울리는 인
테리어 등은 접할 때마다 경이로웠다. 영어 선생은 잠시 **실성한** 사람
처럼 방을 둘러보며 "넌 정말 할아버지께 감사해야 해." 하고 말했
다. "훗! 그런 **실언**은 안 하시는 게 좋아요. 저랑 계속 수업하고 싶다
면." 슬비의 차가운 반응에 영어 선생은 화들짝 놀라며 갑자기 **실의**
에 빠진 표정을 지었다. "겉만 보고 판단하지 마세요." "겉만 보고라
니? 이렇게 많은 **실증**이 있잖아." "지금 물질의 양이 사랑의 크기를
결정한다는 선생님의 속된 믿음을 저에게 **실토하신** 건가요?" 슬비가
내뱉는 단어들에서 북극의 냉기가 흘렀다. "흠… 가족의 비밀은 어디
나 있기 마련이지만……." 영어 선생은 **실추된** 명예를 회복하기 위해
그럴듯한 말을 하려고 애썼지만 슬비는 지겨웠다. "이제 공부하죠."

[2단계] 어휘사용설명서

1단계에 실린 어려운 어휘들을 활용한 문장을 보여줍니다. 어휘를 활용한 문장을 통해 어휘의 뜻도 짐작하고, 활용법도 익힙니다. 〈어휘게임〉이란 이 어휘사용설명서를 재빨리 만들어내는 게임을 지칭합니다. 어휘사용설명서를 보고 독자 여러분도 어휘를 활용한 다양한 문장을 만들어 보세요. 시간을 정해두고, 게임을 하듯이 만들면 학습과 재미를 동시에 즐길 수 있습니다.

어휘사용설명서

실감하다   젊은이를 보며 다시 봄이 왔음을 실감한다.
일 년이 지났지만 이별을 실감하지 못했다.

실성하다   마치 실성한 사람처럼 크게 웃어젖혔다.
건물이 무너지자 모두 실성하여 제정신이 아니었다.

실언   아내에게 실언을 해서 부부싸움을 했어요.
실언이 쌓이고 쌓이면 신뢰를 잃는다.

실의   실업난이 청년들을 실의에 빠뜨렸다.
여행은 실의에 잠긴 사람에게 새로운 에너지를 준다.

실증   실증적이고 구체적인 사례를 통해 증명하라.
수사관이 실증을 제시하자 범인은 모든 죄를 털어놨다.

실토하다   한 마디도 실토하지 않았다.
내가 모든 진실을 실토했지만 믿지 않았다.

실추   내 위신을 실추시킨 행동에 책임을 묻겠다.
실추된 명예를 회복하기가 쉽지 않다.

漢字音 어휘사전

- **실감하다**實感~   진짜로 생생하게 느끼다.
- **실성하다**失性~   정신에 이상이 생겨 제정신을 잃고 미치다.
- **실언**失言   실수로 쓸데없는 말을 함.
- **실의**失意   뜻이나 의욕을 잃음.
- **실증**實證   확실한 증거. 실제로 증명함.
- **실토하다**實吐~   거짓 없이 사실대로 다 말하다.
- **실추**失墜   명예나 위신을 잃음.

[3단계] 한자음 어휘사전

1, 2단계가 어휘의 뜻을 대략적으로 파악하고, 활용하는 데 초점을 두었다면 3단계는 어휘의 정확한 뜻을 확인하는 과정입니다. 어휘 뜻은 여러 사전을 참고하여 가장 쉽고 자연스런 설명을 골랐으며, 사전에 담긴 설명이 평균적인 학생 수준을 넘을 경우 쉬운 설명으로 바꿨습니다. 따라서 일반 사전이나 인터넷 검색보다 어휘의 뜻을 이해하기 훨씬 쉬울 것입니다. 한자음 어휘사전에서는 한자도 함께 표기하여 더 깊은 어휘학습을 하는 데 도움이 되도록 하였습니다.

이 책을 활용한 어휘학습법

[학습법 1] 이야기만 읽기

처음 책을 읽을 때는 이야기 부분만 쭉 읽으십시오. 처음부터 끝까지 어휘는 신경 쓰지 말고 이야기 부분만 읽습니다. 어려운 어휘지만 이야기 속에 쉽게 풀어놓았기 때문에 무슨 뜻인지 대충 짐작이 될 것입니다. 처음 읽을 때는 어휘 뜻을 대충 짐작하기만 해도 됩니다. 그러면 책 한 권을 다 읽은 느낌(?)이 들겠지요.

[학습법 2] 이야기와 어휘사용설명서 함께 읽기

두 번째 읽을 때는 이야기와 더불어 〈어휘사용설명서〉도 함께 읽습니다. 〈어휘사용설명서〉를 읽으면서 대충 뜻을 짐작해 봅니다. 자기라면 어려운 어휘를 활용해서 어떤 문장을 만들까 머릿속으로 생각해 보기도 합니다. 이렇게 한 번 생각해 본 뒤에 〈한자음 어휘사전〉을 보고 자신이 짐작한 뜻과 맞는지 확인해 봅니다. 틀렸을 경우 〈어휘사용설명서〉를 다시 보면서 어휘의 뜻과 활용법을 비교하여 익힙니다.

[학습법 3] 나만의 〈어휘사용설명서〉 만들어 보기

세 번째 읽을 때는 나만의 〈어휘사용설명서〉를 만들어 봅니다. 책에 나온 어려운 어휘를 따로 뽑아놓고, 일정 시간 안에 어휘를 활용한 문장을 빠르게 만들어 봅니다. 〈어휘게임〉 규칙에도 나와 있지만, 기존 문장과 최대한 다른 형식으로 만들도록 합니다. 이 책을 통해 어휘학습을 할 때 가장 중요한 과정이 바로 세 번째입니다. 어휘란 자신이 직접 사용할 때 자기 것이 됩니다. 쓰지 않고 그러려니 넘어가면 온전히 자기 어휘가 되지 못합니다. 〈어휘사용설명서〉를 볼 때마다 자기도 똑같이 어휘를 활용한 문장을 만들어 보기 바랍니다.

[학습법 4] 〈어휘게임〉 즐기기

네 번째 읽을 때는 주변 사람들과 함께 〈어휘게임〉을 즐깁니다. 일정한 개수의 어휘를 뽑아놓고 정해진 시간 안에 어휘를 활용한 문장을 빠르게 만듭니다. 정해놓은 시간에 따라 점수를 주고 채점을 합니다. 이때 문장이 다양하고 독특하면 추가 점수를 획득합니다. 부모님과 함께 해도 좋고, 학교 수업 때 활용해도 좋습니다. 물론 친구들끼리 해도 괜찮습니다.

차례

|여는 글| 어휘가 공부의 발목을 잡는다   **004**

■ 어휘력을 높이는 3단계 훈련법   **008**

■ 이 책을 활용한 어휘학습법   **010**

|프롤로그| 내 꿈은 프로파일러, 실종된 여섯 학생을 찾아 나서다   **018**

1부
사라진 학생들을 찾아서 어휘의 숲에 빠지다   026

:: 〈어휘를 파는 카페〉를 찾은 프로파일러 '나'   028

|Level 1| **거역의 유전자**   032

어휘게임 1 ▶ 가금 : 가미 : 가불 : 가상 : 가업 : 가장 : 각박   032

어휘게임 2 ▶ 각별 : 간곡 : 간과 : 간사 : 간파 : 갈취 : 감응   036

어휘게임 3 ▶ 감지덕지 : 감지 : 감투 : 감행 : 감회 : 강구 : 강수   038

어휘게임 4 ▶ 개간 : 개진 : 개탄 : 갱도 : 거역 : 거처 : 건재   040

어휘게임 5 ▶ 견지 : 결기 : 결부 : 결핍 : 겸양 : 겸연 : 경각   042

어휘게임 6 ▶ 경건 : 경박 : 경솔 : 경의 : 경이 : 경종 : 경황   044

|Level 2| **공허한 실패**   046

어휘게임 1 ▶ 계량 : 계제 : 고고 : 고도 : 고동 : 고락 : 고사   046

어휘게임 2 ▶ 고아 : 고안 : 고찰 : 고초 : 고해 : 곡절 : 곡필   048

어휘게임 3 ▶ 곡해 : 곤궁 : 골몰 : 골백번 : 공갈 : 공대 : 공덕   050

어휘게임 4	공력 : 공명 : 공모 : 공세 : 공유 : 공존 : 공허	052
어휘게임 5	과욕 : 과분 : 과언 : 관대 : 관록 : 관망 : 관용	054
어휘게임 6	관조 : 괄시 : 광활 : 괴사 : 괴질 : 교란 : 교착 : 교편	056

| Level 3 | **궁여지책을 찾아서** | 058 |

어휘게임 1	구가 : 구애 : 구제 : 구현 : 구혼 : 구획 : 국면	058
어휘게임 2	국장 : 국정 : 국한 : 군락 : 궁벽 : 궁상 : 궁색 : 궁여지책	060
어휘게임 3	권고 : 권능 : 권세 : 궐기 : 규명 : 규탄 : 극구 : 극명	062
어휘게임 4	금실 : 기갈 : 기거 : 기겁 : 기괴 : 기도 : 기미	064
어휘게임 5	기민 : 기별 : 기색 : 기성복 : 기성세대 : 기승 : 기약	066
어휘게임 6	기용 : 기재 : 기점 : 기정사실 : 기지 : 기품 : 기호	068

| Level 4 | **낭자한 핏물** | 070 |

어휘게임 1	낙담 : 낙인 : 난무 : 난입 : 난잡 : 남루 : 납득	070
어휘게임 2	낭자 : 낭패 : 내력 : 내면화 : 내색 : 내외 : 내포	072
어휘게임 3	냉철 : 노고 : 노기 : 노상 : 노쇠 : 노천 : 노환	074
어휘게임 4	농도 : 뇌리 : 누명 : 누추 : 능멸 : 단념 : 단선적	076
어휘게임 5	당도 : 당위 : 대경실색 : 대절 : 도량 : 도모 : 도식적	078
어휘게임 6	도취 : 도회지 : 독식 : 독촉 : 동란 : 동반 : 동분서주	080
어휘게임 7	동일시 : 동정 : 동조 : 두둔 : 두서 : 득의양양 : 등한	082

2부
어휘에는 뜻이 있고 사건에는 반드시 원인이 있다 084
:: 〈어휘게임〉에 빠져 실종된 아이들 086

| Level 5 | **북극의 망명객** | 090 |

| 어휘게임 1 | 막론 : 만개 : 만끽 : 만류 : 만면 : 만무 : 만발 : 만연 | 090 |
| 어휘게임 2 | 만용 : 망라 : 망명 : 망발 : 망연자실 : 망중한 : 망측 | 092 |

어휘게임 3	매개 : 매진 : 맥락 : 맹목 : 맹신 : 맹위 : 면책 : 명명	094
어휘게임 4	명목 : 명시 : 모략 : 모색 : 모의 : 모종 : 모태 : 목석	096
어휘게임 5	몰두 : 몰상식 : 묘책 : 묘연 : 무관 : 무료 : 무색	098
어휘게임 6	무성 : 무시로 : 무안 : 무정 : 무지 : 묵례 : 묵살 : 묵언	100
어휘게임 7	묵인 : 문헌 : 물색 : 미약 : 미물 : 미세 : 미천	102
어휘게임 8	미혹 : 미화 : 민생 : 민의 : 민활 : 밀매 : 밀착	104

| Level 6 | 범람하는 백화   106

어휘게임 1	박차 : 박해 : 반목 : 반증 : 반향 : 발군 : 방계	106
어휘게임 2	방기 : 방비 : 방조 : 배격 : 배당 : 배열 : 배필	108
어휘게임 3	배회 : 백지장 : 백화 : 번민 : 번창 : 범강장달 : 범람	110
어휘게임 4	범법 : 범부 : 범상 : 법석 : 벽촌 : 변모 : 변조	112
어휘게임 5	변고 : 변통 : 별세 : 별실 : 병약 : 병석 : 복역	114
어휘게임 6	본위 : 봉직 : 부각 : 부득불 : 부산물 : 부심 : 부역	116
어휘게임 7	부임 : 부재 : 부조리 : 부지 : 부차적 : 북망산 : 분가	118
어휘게임 8	분개 : 분별 : 분연 : 분주 : 분출 : 분화 : 불시	120
어휘게임 9	불경 : 불청객 : 불협화음 : 불혹 : 비경 : 비단 : 비애	122
어휘게임 10	비정 : 비축 : 비통 : 비하 : 비호 : 빈소 : 빙자	124

| Level 7 | 눈동자 속의 섬광   126

어휘게임 1	사면 : 사유 : 사주 : 사지 : 사직 : 사표 : 산고	126
어휘게임 2	산재 : 산파 : 삼라만상 : 상기 : 상례 : 상념 : 상반	128
어휘게임 3	상쇄 : 상심 : 상통 : 상투적 : 상혼 : 생육 : 서광	130
어휘게임 4	서막 : 석별 : 선망 : 선처 : 선회 : 설파 : 섬광	132
어휘게임 5	성화 : 세례 : 세태 : 세파 : 소산 : 소소 : 소양	134
어휘게임 6	소임 : 속박 : 속죄 : 속출 : 손상 : 손색 : 쇠잔	136

| Level 8 | **심연의 분노** | 138 |

어휘게임 1 ▶	수금 : 수긍 : 수반 : 수소문 : 수심 : 수용 : 수의	138
어휘게임 2 ▶	수족 : 수척 : 수훈 : 숭상 : 습작 : 시국 : 시사	140
어휘게임 3 ▶	시정 : 시찰 : 시효 : 식견 : 식별 : 식생 : 신기원	142
어휘게임 4 ▶	신록 : 신망 : 신문 : 신산 : 신원 : 신조 : 신축	144
어휘게임 5 ▶	실감 : 실성 : 실언 : 실의 : 실증 : 실토 : 실추	146
어휘게임 6 ▶	심려 : 심모원려 : 심미적 : 심사 : 심연 : 심오 : 십분	148

3부

어휘는 문장 속에 존재하고, 인간은 욕구 속에 존재한다 150

:: '언제'라는 시간에 갇힌 아이들   152

| Level 9 | **역경의 시절** | 156 |

어휘게임 1 ▶	악용 : 안목 : 알선 : 암담 : 암투 : 압제자 : 압착	156
어휘게임 2 ▶	애걸 : 애송 : 야합 : 약세 : 약과 : 약조 : 약진	158
어휘게임 3 ▶	양양 : 양호 : 어눌 : 어조 : 억겁 : 억류 : 언도	160
어휘게임 4 ▶	언행 : 엄선 : 엄습 : 여념 : 여담 : 여생 : 역경	162
어휘게임 5 ▶	역부족 : 역설 : 역점 : 역정 : 연계 : 연고 : 연대	164
어휘게임 6 ▶	연루 : 연명 : 연방 : 연서 : 연연 : 연정 : 연후	166

| Level 10 | **유폐된 시인** | 168 |

어휘게임 1 ▶	열화 : 영락 : 영물 : 영험 : 예견 : 예사 : 오열	168
어휘게임 2 ▶	오지 : 오진 : 옥고 : 옥토 : 옹색 : 완강 : 완충	170
어휘게임 3 ▶	외양 : 요량 : 요원 : 요행 : 용납 : 우수 : 우호	172
어휘게임 4 ▶	우회 : 운용 : 운치 : 울화 : 원로 : 위선 : 위신	174
어휘게임 5 ▶	위탁 : 유구 : 유대 : 유려 : 유망 : 유보 : 유약	176
어휘게임 6 ▶	유예 : 유의 : 유장 : 유착 : 유폐 : 유혈 : 윤택	178

|Level 11| **잉태된 씨앗** 180

어휘게임 1 ► 은덕 : 음습 : 음역 : 응낙 : 응분 : 응수 : 응시 180

어휘게임 2 ► 의당 : 의례 : 의아 : 의탁 : 의표 : 이기 : 이단 182

어휘게임 3 ► 이변 : 이정표 : 이채 : 이해타산 : 이행 : 인고 : 인술 184

어휘게임 4 ► 인습 : 인접 : 인지도 : 인지상정 : 인파 : 인척 : 인편 186

어휘게임 5 ► 일관 : 일괄 : 일념 : 일면식 : 일색 : 일선 : 일신 188

어휘게임 6 ► 일원 : 일임 : 일조 : 일주 : 일확천금 : 입문 : 잉태 190

|Level 12| **영혼의 정련** 192

어휘게임 1 ► 자각 : 자괴감 : 자멸 : 자명 : 자문 : 자양분 : 자자 192

어휘게임 2 ► 자초 : 자태 : 작심 : 작위 : 잔재 : 잔정 : 잠식 194

어휘게임 3 ► 장거 : 장관 : 장황 : 재기 : 재색 : 재현 : 저의 196

어휘게임 4 ► 전근 : 전담 : 전략 : 전모 : 전복 : 전언 : 전용 198

어휘게임 5 ► 전제 : 전파 : 접경 : 정련 : 정분 : 정설 : 정연 200

어휘게임 6 ► 정중 : 정진 : 정처 : 정평 : 정혼 : 정화 : 정황 202

4부
내·어휘로 만들지 못하면, 내 삶의 시간도 사라진다 204

:: 아이들은 왜 〈어휘게임〉에 빠졌나? 206

|Level 13| **착한 연기의 진수** 210

어휘게임 1 ► 조달 : 조망 : 조신 : 졸렬 : 종용 : 좌초 : 주선 210

어휘게임 2 ► 준칙 : 중론 : 즐비 : 증폭 : 지당 : 지병 : 지성 212

어휘게임 3 ► 지척 : 지천 : 지탄 : 직면 : 직성 : 직시 : 진부 214

어휘게임 4 ► 진수 : 진위 : 진중 : 진척 : 질곡 : 질책 : 집대성 216

어휘게임 5 ► 차출 : 차치 : 착안 : 참작 : 채근 : 책망 : 처사 218

어휘게임 6 ► 처신 : 척도 : 척박 : 천박 : 천성 : 천시 : 천인공노 220

Level 14	**쾌재의 미소**	222
어휘게임 1	천직 : 철칙 : 첨예 : 첩경 : 청탁 : 초래 : 초면	222
어휘게임 2	초석 : 초야 : 초연 : 초입 : 초주검 : 총기 : 총칭	224
어휘게임 3	추모 : 추앙 : 추정 : 축원 : 춘추 : 출정 : 출타	226
어휘게임 4	출품 : 충당 : 치부 : 치중 : 치하 : 침탈 : 칩거	228
어휘게임 5	쾌거 : 쾌재 : 타개 : 타진 : 탐닉 : 태곳적 : 토로	230
어휘게임 6	토벌 : 통감 : 통고 : 통사정 : 통탄 : 퇴락 : 퇴색	232

Level 15	**욕망의 해악**	234
어휘게임 1	퇴행 : 투사 : 투서 : 파장 : 판로 : 판이 : 패소	234
어휘게임 2	패악 : 편중 : 평이 : 평정 : 평판 : 폐단 : 폐관	236
어휘게임 3	폭정 : 표명 : 표변 : 표상 : 표출 : 풍비박산 : 풍월	238
어휘게임 4	풍조 : 풍자 : 풍파 : 풍채 : 피상 : 피습 : 피폐	240
어휘게임 5	하직 : 할애 : 함구령 : 함양 : 함유 : 항변 : 해빙	242
어휘게임 6	해악 : 해후 : 해학 : 행상 : 향유 : 허망 : 험구	244

Level 16	**시간의 화신 실종사건**	246
어휘게임 1	험준 : 현저 : 현학적 : 현혹 : 혈안 : 형국 : 형극	246
어휘게임 2	형세 : 형언 : 형용 : 혜안 : 호각 : 호걸 : 호기	248
어휘게임 3	호도 : 호사 : 호사가 : 호전 : 호평 : 혹사 : 혹평	250
어휘게임 4	혼비백산 : 혼신 : 홀대 : 화색 : 화신 : 화평 : 환부	252
어휘게임 5	활로 : 황망 : 회유 : 회의 : 회포 : 회한 : 횡액	254
어휘게임 6	획책 : 회행 : 효험 : 흥조 : 희사 : 희열 : 힐책	256

에필로그	사라진 프로파일러, 어휘의 미로에 갇히다	**258**
닫는 글	자신의 언어, 자신의 시간을 지키며 살기를!	**263**

내 꿈은 프로파일러,
실종된 여섯 학생을 찾아 나서다

우리 학교에서 여섯 명의 학생이 실종됐다. 한꺼번에 실종되지는 않았다. 어느 날부터 한 명씩 학교에 나오지 않았다. 경찰이 학교에 뻔질나게 드나들었고, 수많은 학생들을 조사했지만 해결의 실마리는 전혀 보이지 않았다.

프로파일러

내 꿈은 프로파일러(profiller, 범죄심리분석관)다. 경찰이 학교를 들쑤시고 다니는 사건을 모를 리 없고, 당연히 관심이 생겼다. 처음에는 단순한 연쇄 가출 사건 정도로 여겼던 나는 사건과 실종자들을 자세히 알면 알수록 무언가 심각한 사건임을 직감했다. 실종된 여섯 학생을 대략 소개하면 다음과 같다.

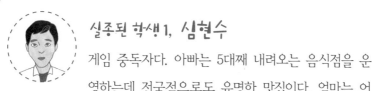

실종된 학생1, 심현수

게임 중독자다. 아빠는 5대째 내려오는 음식점을 운영하는데 전국적으로도 유명한 맛집이다. 엄마는 어릴 때 집을 나갔고 외아들로 컸는데, 아무래도 엄마의 가출이 현수에게 심리적인 타격을 입힌 게 분명했다. 엄마가 집을 나간 책임이 아빠에게 있다고 여기고 아빠를 원망했을 것이다. 5대째 가업을 이어올 정도로 아빠는 고집이 있었으며, 가부장적이었다. 그런 아빠의 성격 탓에 현수는 항상 상처를 받았고, 그로 인해 게임에 빠져들었을 것이다. 현수의 가장 친한 친구는 이경진인데 마찬가지로 게임 중독자에 사고뭉치다. 현수와 경진이가 괴롭히던 학생이 명철인데, 한 번은 집에까지 찾아가 명철이라는 아이에게 구타한 적도 있다고 한다. 아무래도 현수 실종은

게임 중독과 관련이 있을 가능성이 크다. 그러나 경찰은 게임방 어디에서도 현수를 찾지 못했고, 가출 흔적도 없었다.

실종된 학생 2, 박현지

일진 그룹에 속해 있는 학생이다. 일진 그룹의 중심은 아니고 주변부에 머물던 애였다. 평소에 힘없는 애들을 괴롭히는 걸로 유명했다. 성질이 고약하고 도전적이었으며 욕을 입에 달고 살았다. 아빠는 잘 나가는 회사의 중역이고, 어머니는 보험회사에 다닌다. 언니가 공부를 잘해서 비교대상이 되는 경우가 많았는데, 아무래도 그로 인해 삐뚤어진 듯하다. 잘난 애들은 못 건드리고 힘없는 애들만 괴롭혔는데 아무래도 자신의 피해의식을 그런 식으로 푼 듯하다. 여섯 번째 실종된 이슬비와 한때 마찰을 빚기도 했지만, 둘 사이에 실종과 관련해 연관성을 찾기는 어렵다. 일진 그룹을 경찰이 철저하게 수사했으나 아무런 증거나 증언을 찾지 못했다. 가출 흔적도 없었으며, 일진들이 노는 곳에서도 흔적이 없었다.

실종된 학생 3, 류민정

반에서 조금 놀던 학생이었으나 주변 애들에게 폭력을 휘두른다던가, 나쁜 짓을 일삼는 학생은 아니었다. 그저 놀기 좋아하고, 아이돌 스타 좋아하며, 꾸미기 좋아하는 평범한 학생이었다. 단짝이었던 임수혜와 갈등을 빚기도 하고, 수혜를 괴롭히기도 했으나, 나중에는 도리어 수혜에게 친구들을 빼앗기고 거의 왕따가 될 뻔했다. 그러던 어느 날 갑자기 사라져 버렸다. 마지막으로 목격된 곳은 노래방이었는데, 그 뒤로 어디에서도 흔적을 찾지 못했다.

실종된 학생 4, 임수혜

엄마 아빠가 매우 자유로운 분위기로 공부를 강요하지 않는다. 류민정과 단짝이었지만, 무슨 이유에선지 모르나 어느 날부터 사이가 나빠져서 심하게 갈등했다. 패밀리 레스토랑에서 아르바이트를 했고, 제법 성실하게 일해서 평판이 좋았다. 아르바이트는 엄마 아빠도 허락을 한 일이었으며, 문제가 될 만한 일은 발견되지 않았다. 류민정과 거의 동시에 실종되었는데, 둘의 실종이 서로 연관성이 있는 것 같은데 드러난 증거는 없다.

실종된 학생 5, 문선규

외아들로 어려서부터 엄마의 간섭 안에서 살았다. 자칭 시인 지망생이었으며, 주위 친구들은 선규가 늘 시와 더불어 지냈다고 증언했다. 그러나 엄마의 반대로 시인의 꿈을 접고 열심히 공부에 전념하던 중 영문도 모르게 실종되었다. 아무래도 엄마와 갈등이 심했던 것이 실종된 것과 관련이 있지 않나 하는 짐작만 할 뿐이다.

실종된 학생 6, 이슬비

늘 만점을 맞는 전교 1등이다. 학교 이사장도 어쩌지 못하는 유명한 부잣집 딸로 알려져 있다. 별명은 '북극의 망명객'인데, 늘 싸늘한 표정으로 냉랭하게 지내는 데다 더운 여름 체육 시간에 옆 동료가 쓰러져도 자기 할 일만 한 사건이 계기가 되어, 북극의 망명객이란 별명을 얻었다. 북극의 망명객이란 별명은 성격과 정말 잘 어울린다. 나도 예전에 한 번 우연히 마주쳤는데 냉동 보관소에서 막 꺼낸 시체를 대하는 기분이었다. 그런데 이 북극의 망명객 슬비가 어느 날 집에서 혼자 공부하다 갑자기 사라져 버렸다. 저택이라 감시망도 촘촘한데 어찌된 일인지 전혀 흔적이 남지 않았다. 집에서 거액을 들여 탐정까지 고용해서 찾아 나섰지만 여전히 오리무중이다.

여섯 명의 실종 사건은 거의 다 독립적으로 발생했다. 서로 공통점도 없고, 실종된 흔적도 남기지 않았다. 경찰도 처음에는 연쇄 실종 사건으로 수사하다 관련성을 전혀 찾지 못하자, 독립적인 실종 사건이 우연히 연속해서 일어났다고 보고, 각기 수사하고 있다.

　　그러나 내 직감은 이 여섯 명의 행방불명이 분명 어떤 연결 고리가 있다고 확신했다. 물론 겉으로 보기에는 거의 연관이 없다. 그러나 전혀 흔적을 남기지 않고 사라졌다는 바로 그 점이야말로 여섯 명의 실종 사건의 공통점이었다. 그러나 내 추리는 거기까지였다. 머리로는 아무리 고민하고, 자료를 연결해 보아도 실마리가 잡히지 않았다. 뛰어난 프로파일러라면 이 정도 자료만으로 사건의 윤곽을 잡거나, 범인—범인이 있다면—이 어떤 자인지 대충 추리해야 하는데, 나는 아직 한참 부족했다.

　　그래서 직접 뛰어들어 현장 조사를 하기로 했다. 우선 실종자들의 집을 가보기로 결심했다. 모든 사건은 흔적을 남기고, 범죄에는 원인이 있기 마련이다. 실종 사건의 그 밑바탕엔 범죄자와 실종자의 삶과 심리가 깔려 있다. 따라서 실종자들의 집과 방에 무언가 공통된 흔적이 있을 것이다.

　　나는 실종된 여섯 명의 집을 어렵게 찾아갔다. 부모님들과 이야기도 나누고 직접 방에 들어가 보기도 했다. 부모님들은 지푸라기라도 잡는 심정으로 나에게 상세히 설명해주었다. 그 중에서도 슬비네 집은 정말 인상적이었다. 이런 대궐 같은 집이 21세기 대한민국에 있을 줄은 상상도 못했다. 부모님이 아니라 집사라는 사람이 나를 안내했는데, 그

차가움이 이슬비 못지않아서 기분이 몹시 상했다.

그런데 이슬비 집을 나오면서 무언가 이상한 기분이 들었다. 언뜻 보기엔 아무런 공통점이 없었지만 무언가 공통점이 있다는 느낌이 강하게 들었기 때문이다. 무언가 분명 있는데 명쾌하게 떠오르지 않았다. 겉으로 보기엔 신비하게 사라져 버렸다는 공통점 밖에 없지만, 여섯 집을 찾아갈 때마다 무언가 동일한 느낌이 들었다. 아주 원시적인 느낌이었는데, 그게 뭔지 정체가 떠오르진 않았다. 내 감각 속에 깊은 자극을 주는 이 원초적인 느낌은 무얼까? 고민에 고민을 해도 답이 떠오르지 않았다.

그러다 우리 집 앞 사거리에 있는 카페를 지나다 우뚝 멈춰 섰다.

"커피 향!"

맞다. 커피 향이었다. 처음에는 그것이 커피 향인 줄 몰랐는데, 여섯 명의 실종자 방에서는 미세하지만 정말 독특한 커피 향이 났다는 것을 카페를 지나면서 깨달았다. 나는 실종된 여섯 명의 부모님께 전화를 걸어서―물론 슬비는 집사에게―혹시 아이들이 커피를 즐겨 먹거나, 커피와 관련한 사건을 겪은 적이 있는지 물었다. 돌아온 답변은 모두 '아니다' 였다. 심지어 패밀리 레스토랑에서 아르바이트를 하는 수혜조차 커피를 마시지 않는다고 했다. 나는 믿을 수 없었다. 부모님들이 자신의 아이에 대해서 제대로 알지 못할 가능성은 충분했다. 다시 여섯 학생의 집을 방문했다. 직접 확인해 보니 분명 커피 향이 났다. 그 어디에서도 맡아 본 적 없는 독특한 커피 향이었다. 그러나 집안사람들은 아무도 커피 향을 맡지 못했다. 이상한 일이었다. 내 코에는 분명히 약하긴 하지만 아주 독특한 커피 향이 나는데, 아무도 커피 향을 맡지 못하다니?

　나는 커피 향이 이번 실종 사건과 분명히 관련이 있다고 믿었다. 그래서 학교 반경 1km 이내에 있는 카페란 카페는 전부 찾아다녔다. 그러나 원시적인 내 감각까지 사로잡은 그런 커피 향은 어디에도 없었다. 수십 군데 카페를 다녀도 허사였다. 지쳐버린 나는 실망하고 포기를 선언하려고 했다. 바로 그때 어느 낡은 골목 어귀에서 그토록 찾아다니던 커피 향을 만났다.

　낡은 거리 귀퉁이, 돌과 나무가 짝을 지어 줄지어 선 거리 한 귀퉁이에서 철문을 한 카페를 발견했다. 벚꽃 잎이 날릴 시기가 아닌데도 하늘에서 꽃잎이 휘날렸다. 대낮인데도 주위에는 사람 한 명 다니지 않았다. 이상한 기분이 드는 카페였다. 낡은 철문 위로 주인이 직접 쓴 듯한 조그만 손 글씨 팻말이 보였다.

　"어휘를 파는 카페!"

　내가 조그맣게 읽자 낡은 철문이 저절로 열렸다. 특별한 기계 장치도 없는 철문이 저절로 열리다니……. 나는 으스스한 기운을 느꼈지만 굳게 다짐하고 철문 안으로 발을 내디뎠다.

:1부:

사라진 학생들을 찾아서

어휘의 숲에 빠지다

〈어휘를 파는 카페〉를 찾은 프로파일러 '나'

오른쪽에는 낡은 벽이 시야를 가리고, 왼쪽 코너에는 나무와 꽃이 두 눈을 즐겁게 했다. 낡은 벽은 수십 년 시간이 묻어났지만, 왼쪽을 차지한 나무와 꽃은 방금 심은 듯 생생했다. 양쪽이 오래된 시간과 지금 이 순간의 시간처럼 묘한 대조를 이루었다. 건물 벽 끝을 돌아가 보니 넓은 꽃밭이 펼쳐졌다. 무지개보다 화려한 꽃들이 바람결에 부드럽게 흔들거렸다. 카페는 꽃밭을 마주하며 자리하고 있었다. 카페 현관은 나무문이었다. 심호흡을 하고 나무문을 열었다. 문 위에 걸린 종이 소리를 냈다. 잔잔한 음악이 나를 맞이했다. 낡은 카페였다. 오래된 가구와 천, 앙증맞은 인형들이 시선을 붙잡았다.

"어서 오렴. 기다렸단다."

나무 대문 쪽에서 따스한 중년 여성의 목소리가 들렸다. 고개를 돌리니 꽃을 한 아름 안은 여자가 나타났다. 아줌마라고 하기에는 정말 어색하고, 사모님이라 부르기엔 수수한 여성이었다. 편안하면서도 따스한 기운이 물씬 풍겼다. 지금 생각해 보면 기다렸다는 말이 이상했지만 그 때는 별로 이상하게 느끼지 못했다.

"혹시 여기 커피 파나요?"

"카페니까 당연히 커피를 팔지."

"음, 제가 아주 독특한 커피 향을 찾고 있거든요. 그런데 여기서 그 커피 향이 나서 들어왔습니다."

"제대로 찾아왔네. 우리 집 커피는 신혼여행 온 신부가 커피 향에 빠져 신랑을 잃어버린 전설이 있을 만큼 매혹 넘치는 커피란다."

난 의자에 앉았고 잠시 뒤 여섯 실종자들 방에서 맡았던 커피 향을 다시 만났다. 매혹적이었다. 황홀했다. 향도 인상적이었지만 맛은 더욱 깊었다. 이 정도 커피면 금방 단골이 많이 생겼을 법한데 손님은 왜 한 명도 없을까? 혹시 여섯 명의 아이들도 여기를 찾아왔을까? 나는 조심스럽게 아이들이 여기 왔었는지 물었다.

"당연히 자주 왔지. 그 학생들 방에서 맡은 커피 향을 쫓아서 여기 온 거 맞지?"

난 온몸이 오싹했다. 카페 주인은 나를 아는 게 분명했다.

"혹시 저를 아시나요?"

정말 멍청한 질문이었다. 질문을 이딴 식으로 하면 안 된다. 프로파일러를 꿈꾸는 내가 이 정도 상황에 당황하다니 안 될 말이었다.

"놀라지 말렴. 우리 카페에 오는 학생들은 다들 그 커피 향을 쫓아서 오니 지레 짐작했을 뿐이야."

난 놀란 가슴을 겨우 진정시키고 다시 물었다.

"혹시 그 학생들이 이상한 점은 없었나요?"

"있었지."

"뭐죠?"

"어휘게임을 즐겨 했단다."

어휘게임이라니? 그게 뭘까?

"저쪽 방에 들어가 하는 게임이란다. 영상에서 펼쳐지는 이야기 속에서 어려운 어휘가 튀어나오면, 그 어휘를 활용해서 문장을 만드는 게임이지. 어휘의 뜻을 정확히 파악하면서도 최대한 독특한 문장을 빠른 시간 안에 만들어야 한단다. 이때 자신이 만든 문장을 〈어휘사용 설명서〉라고 한단다. 각 게임을 제대로 달성하면 〈한자음 어휘사전〉을 얻고, 〈한자음 어휘사전〉을 일정 수준 이상 모으면 시간을 다스리는 힘을 얻는 재미있는 게임이지. 그러나 일정 수준 이하로 점수를 얻으면 자기 시간을 팔아야 한단다. 자기 시간 중에 어떤 시간을 팔지는 본인이 선택할 수 있는데, 이렇게 판 시간은 자기 삶에서 사라지게 되는 거지. 그 대신 판 시간의 7할을 자신의 다른 시간으로 전환해서 사용할 수 있단다."

나는 카페 주인의 설명을 들었지만 믿기지가 않았다. 그냥 별 재미없는 게임을 설명하는 기분이 들 뿐이었다. 그래도 실종자들이 이 게임을 했다니 나도 일단 해보기로 했다. 나는 카페 귀퉁이에 자리한 작은 방 앞에 섰다.

"어휘게임방."

"들어가면 어떻게 하는지 저절로 알게 될 거야."

주인은 문을 열더니 머뭇거리는 내 등을 살짝 밀었다. 나는 부드러운 기운에 밀려 방으로 들어갔다. 낡은 청바지, 분필로 쓴 글씨, 오래된 골동품들이 벽을 장식했다. 낡은 의자와 책상이 벽 분위기와 딱 어울렸다. 엉거주춤 서 있기 뭐해서 의자에 앉았다. 그때였다. 주변 환경이 순식간에 변하더니, 3D입체화면이 눈앞에 펼쳐졌다.

가게였다. 5대째 이어오는 가게. 바로 현수네 가게였다. 영상은 조금씩 현수네 가게 안으로 들어갔다. 그리고 영상 위로 문장이 튀어 올랐다. 문장은 검정색이었는데 어쩌다 선명한 붉은 빛깔을 띠는 어휘가 보이기도 했다.

"아, 저 어휘를 활용해 문장을 만들라는 말이구나. 그런데 어떻게 만들지?"

손에 무언가 잡혔다. 컴퓨터 자판이었다. 3D입체화면 위로 점멸등이 껌뻑껌뻑 들어왔다. 점멸등 위로 숫자가 나타났다.

30, 29, 28, 27, 남은 시간이다. 나는 어휘에 맞는 문장을 떠올린 뒤 재빠르게 자판을 눌렀다. 15, 14, 13, 12, 점멸등이 또다시 껌뻑껌뻑 들어왔다. 똑같은 어휘로 문장을 하나 더 만들라는 신호였다. 난 머뭇거리지 않고 문장을 썼다. 내가 문장을 쓰자 점멸등이 사라졌다. 점수가 나온 뒤에 오른쪽 아래에 〈한자음 어휘사전〉이 나타났다. 〈한자음 어휘사전〉에는 내가 〈어휘사용 설명서〉를 만들기 위해 활용한 어휘의 사전적 의미가 나왔다. 이야기는 계속 흘렀고, 입체화면은 계속 장면을 쏟아냈고, 선명한 붉은 빛깔을 띠는

글씨를 포함한 문장은 계속 튀어 올라왔다. 나는 머뭇거리지 않고 붉은 어휘를 활용한 문장을 썼다.

아하, 이것이 바로 〈어휘게임〉이구나! 잠시 뒤 입체화면 속에 실종된 '현수'가 나타났다.

이게 도대체 어찌 된 일이지?

[어휘게임 1]
가금, 가미, 가불, 가상, 가업, 가장, 각박

뒤뜰에는 오리와 닭 같은 **가금**류가 자유로이 나다녔다. 집 앞에는 몇 년이 됐는지 가늠하기 어려운 주목 나무가 튼튼한 가지를 뻗은 채 세월의 무게를 자랑했다. 한약재를 **가미**한 삼계탕에서 독특한 향이 풍겼다. "사장님 감사합니다. 이렇게 **가불**까지 해 주시고." 종업원이 사장에게 머리를 꾸벅 숙이며 인사를 한다. "요즘 젊은이답지 않게 부모님을 위하는 것이 **가상해서** 해주는 거야." 너그러운 사장님의 인상 뒤로 옛날 가게 사진이 가득했다. 오랫동안 **가업**을 이어오며 가게를 운영한 집다운 풍경이었다. 현수가 2층에서 내려와 가게 앞을 지나서 나갔다. 현수는 사장님 아들이다. 사장님은 괜찮은 척 **가장했지**만 불만이 가득한 눈빛은 숨기지 못했다. 게임에 빠져 지내는 아들이 **각박한** 세상을 앞으로 어떻게 살아갈지 걱정이 태산 같았다.

진짜 현수였다. 영상은 너무나 선명한 입체화면이었다. 누군가 입체화면처럼 바로 옆에서 찍은 듯했다. 영화는 분명 아니었다. 진짜 영상이었다. 어떻게 된 것이지? 이 카페에는, 아니 이 게임엔 무슨 비밀이 숨겨져 있는 걸까? 이 카페 주인은 분명 실종된 여섯 아이들과 연관이 있다. 그건 의심의 여지가 없다.

　잠시 고민하는 사이에 남은 시간을 알리는 숫자가 한 자리로 줄어들었다. 난 얼른 정신을 차리고 선명한 붉은 글씨로 나타나는 어휘들을 활용한 문장을 재빨리 만들었다. 주어진 시간이 짧았기에 깊이 생각할 여유가 없었다. 무조건 빠르게 문장을 만들어냈다.

어휘사용설명서

가금　　오리 같은 두 발 달린 가금류는 서리를 해도 괜찮았다.

　　　　　가금류를 좁은 공간에 가둬 키우는 짓은 동물 학대다.

가미　　평범한 나물에 효소를 가미하자 맛이 기가 막혔다.

　　　　　흑백 그림에 붉은 점을 가미하자 작품이 달라졌다.

가불　　가불해 달라고 사정했으나 사장님은 들은 척도 안 했다.

　　　　　나중에 해도 될 걱정을 가불해서 하고 있으니 한심하다.

가상하다　노력이 가상하여 용서해 주었다.

　　　　　안 되는 줄 알면서도 포기하지 않다니 참 가상하다.

가업　　아버지는 가업을 잇기 위해 고향으로 돌아왔다.

　　　　　요즘 세상에도 가업을 잇는 젊은이가 있을까?

가장하다　장애인을 걱정하는 척 가장하는 태도가 정말 싫다.

　　　　　가장하지 않고 정직하게 대답해야 면접 점수가 높다.

각박하다　경쟁이 치열해지면서 갈수록 학교가 각박하게 변했다.

　　　　　　아무리 각박한 세상이라고 하지만 이웃끼리 그러면 안 된다.

〈어휘사용 설명서〉를 만들자 점수가 나왔는데 만점이었다. 당연하다. 난 프로파일러가 꿈이고, 프로파일러가 되기 위해서는 엄청난 지식을 쌓아야 한다. 심리학, 철학, 사회과학, 의학, 문학 등 다방면의 독서는 필수이다. 이런 내게 이 정도의 〈어휘게임〉은 식은 죽 먹기였다. 만점을 받자 아래쪽 〈한자음 어휘사전〉이 차곡차곡 쌓였다. 카페 주인은 〈한자음 어휘사전〉이 시간을 마음대로 부리는 힘을 준다고 했다. 난 가득히 쌓이는 〈한자음 어휘사전〉을 보며 다음에 무슨 일이 생길지 기다렸다.

漢字音 어휘사전

- **가금**家禽　　　　닭, 오리, 거위 등 집에서 기르는 날짐승.
- **가미**加味　　　　음식에 양념 등을 더 넣어 맛이 나게 하다.
  　　　　　　　　　원래 있는 것에 다른 요소를 보태어 넣다.
- **가불**假拂　　　　임금을 정한 날짜 전에 지불함.
- **가상하다**嘉尙~　착하고 기특하다.
- **가업**家業　　　　집안에서 대대로 해 온 일.
- **가장하다**假裝~　태도를 거짓으로 꾸미다.
- **각박하다**刻薄~　정이 없어 모질고 메마르다.

Level 1의 어휘게임 1을 끝냈고 〈한자음 어휘사전〉에 일곱 개의 단어가 쌓였다. 무언가 변화가 생길 줄 알고 기다렸지만 변화는 없었다. 잠시 뒤 Level 1의 어휘게임 2로 게임이 넘어갔다. 일단 게임이 펼쳐지는 대로 계속 해보기로 했다. 나는 Level 1의 어휘게임 1부터 Level 4의 어휘게임 7까지가 쉼 없이 이어졌다. 내가 만난 이야기는 현수였다. 바로 현수가 실종되기 전 이야기였다. 나는 영상을 기억하면서 동시에 게임에도 집중했다.

[어휘게임 2]

각별, 간곡, 간과, 간사, 간파, 갈취, 감응

사장님, 즉 현수 아빠는 아들 교육에 **각별하게** 정성을 쏟았지만 현수는 엉뚱한 길로 빠졌다. 따끔하게 야단치고 때로는 **간곡히** 타일러도 봤지만 현수는 말을 듣지 않았다. 그러나 현수 아빠는 게임의 중독성을 너무나 **간과하고** 있었다. 게임은 현수를 **간사한** 미소로 유혹했다. 현수는 게임의 유혹을 이기지 못하고 미친 듯이 게임에 빠져들었다. 초기에 현수가 게임에 미친 듯이 빠져들 때 현수 아빠는 그 상황을 제대로 **간파하지** 못했다. 게임에 필요한 돈을 구하려고 힘없는 애들 돈을 **갈취하는** 사건이 터지고 나서야 현수가 게임 중독 상태임을 알았다. 그러나 그때는 이미 심각하게 중독된 상태였기에 현수는 누가 뭐라 해도 아무런 **감응**을 보이지 않았다.

어휘사용설명서

각별하다　　외동딸을 향한 아빠의 사랑은 정말 각별하다.

　　　　　　아무리 각별한 사이라고 해도 공과 사는 구분해야 한다.

간곡하다　　눈물을 머금고 간곡하게 요청을 했지만 거절당했다.

　　　　　　너의 간곡한 마음을 안다면 신도 감동하실 거야.

간과하다	쓸모만 따지다 보면 인간의 정을 간과하는 경우가 많다.
	자유스러움도 좋지만 주위의 시선도 간과하면 안 돼.
간사하다	세상이 어지럽다고 너까지 간사하게 굴면 되겠니?
	간사한 자들이 대통령의 눈을 흐리게 만들었다.
간파하다	식민지 근대화론의 문제점을 정확히 간파했다.
	상대팀의 약점을 간파한 뒤 적절한 공략법을 제시했다.
갈취	후배들의 돈을 갈취하던 학교 일진이 경찰에 잡혀갔다.
	자식의 돈을 갈취하다니 그런 부모가 세상에 어디 있냐?
감응	부드러운 피아노 소리에 감응하며 첼로가 뒤를 따랐다.
	이런 영화를 보고도 감응이 없다면 이상한 거지.

漢字音 어휘사전

- **각별하다**各別~　　아주 특별하다. 유별나게 친하다.
- **간곡하다**懇曲~　　태도나 자세가 간절하고 정성스럽다.
- **간과하다**看過~　　중요하지 않다고 여겨 꼼꼼하지 않게 대충 살피고 넘기다.
- **간사하다**奸邪~　　나쁜 꾀를 부리고 마음이 바르지 않다.
- **간파하다**看破~　　남의 속내를 꿰뚫어 알아차리다.
- **갈취**喝取　　　　남의 것을 강제로 빼앗음.
- **감응**感應　　　　어떤 느낌에 따라 감정이 움직임.

감지덕지, 감지, 감투, 감행, 감회, 강구, 강수

현수는 그동안 아빠의 잔소리가 싫긴 했지만 용돈은 끊어지지 않아 **감지덕지**해 왔는데, 아무래도 용돈도 끊길 것 같은 분위기를 **감지했다.** 현수 아빠는 최근 학교 운영위원회 부위원장이라는 **감투**를 썼기 때문이다. 게임을 위해 수업까지 빼먹는 모험을 **감행하는** 현수에게 아빠의 학교 진출은 위기였다. 아무래도 선생님들이 현수를 더 주목해서 볼 테고, 그러면 수업을 빠지고 게임방에 몰래 빠져나가기는 어려울 것이다. 친구들이 모두 학교에서 공부하는 대낮에 게임을 신나게 즐겼던 **감회**를 떠올리며 현수는 쓸쓸한 입맛을 다셨다. 이제 게임 시간을 늘리기 위해 새로운 방법을 **강구해야** 했다. 그동안 최후의 수단으로 미루어 두었던 가출이라는 **강수**를 써야 할지도 모른다.

어휘사용설명서

감지덕지   전쟁 통에 식구 하나 잃지 않은 것만으로 감지덕지다.

도와줬으면 감지덕지할 일이지 뭔 불만이 그리 많으냐?

감지하다   그녀는 앞으로 벌어질 일을 이미 감지하고 있었다.

신경이 예민한 사람이 아니면 감지하기 어려운 현상이었다.

감투	할머니가 도깨비 감투를 쓰자 젊은 여자로 변신했다.
	감투를 쓰면 자기가 위대한 사람이 된 듯 착각을 한다.
감행하다	조금 위험하긴 했지만 수술을 감행하기로 결정했다.
	모험을 감행하지 않고 큰 성취를 얻을 수 없다.
감회	첫 수확을 맞이하는 아버지의 감회는 남달랐다.
	5년 만에 너를 다시 만나니 감회가 새롭구나.
강구하다	제대로 된 방법을 강구하지 않는다면 큰 일이 생길지도 모른다.
	새로운 에너지 대책을 강구하지 않으면 인류는 위험에 빠질 것이다.
강수	대표 선수 절반을 교체하는 강수를 쓰자 분위기가 바뀌었다.
	권력자가 지나치게 강수에만 의지하면 국민의 신뢰를 얻지 못한다.

漢字音 어휘사전

- **감지덕지**感之德之 　큰 은혜를 받았다고 여겨 매우 고마워함.
- **감지하다**感知~ 　느껴서 알아채다.
- **감투**敢鬪 　옛날 벼슬아치들이 쓰는 모자.
  　괜찮은 벼슬이나 직위를 가리키는 속된 말.
- **감행하다**敢行~ 　용감하게 실행하다.
- **감회**感懷 　지난 일을 돌이켜 보며 느끼는 감정.
- **강구하다**講究~ 　열심히 궁리하여 좋은 방법이나 대책을 찾아내다.
- **강수**強手 　무리함을 무릅쓴 강력한 방법.

[어휘게임 4]

개간, 개진, 개탄, 갱도, 거역, 거처, 건재

현수는 요즘 새로운 게임에 빠졌다. 처음에는 너무 어려워서 마치 황무지를 **개간**하는 느낌이었다. 게임 시간을 많이 들여야 했고, 비용도 많이 필요했다. 이제 제법 높은 레벨에 도달했는데 최고 수준에 이르려면 돈이 더 필요했다. 그래서 아빠에게 용돈을 올려달라는 의견을 **개진했다**. 아빠는 현수 요구는 들어줄 생각은 않고 현실을 **개탄하기**만 했다. "네 작은아빠는 할아버지 말을 듣지 않다가 인생 망치고 결국 **갱도**에서 탄을 캐는 광부가 됐다. 할아버지 말이라면 무조건 **거역한** 결과였지. 광부가 돼서도 제대로 된 **거처** 하나 마련하지 못하자, 할아버지가 도와주려 했지만 또다시 할아버지 말을 거절했단다. 지금도 자기 삶은 자기가 건사한다며 다른 사람 말은 안 들어. 아직도 자기 고집이 **건재하다**고 자랑하고 싶은지는 모르겠지만, 그게 다 자기 인생 망치는 길이지."

어휘사용설명서

개간 할머니는 황무지를 개간하며 힘들게 농사를 지었다.
버려진 땅을 개간하듯 새로운 시장을 개척해 나갔다.

개진하다	나는 긴 시간 동안 당당하게 자기 의견을 개진했다.
	자기주장을 개진하는 능력 못지않게 듣는 능력도 중요하다.
개탄하다	문명이 발전할수록 감성이 쇠퇴하는 현실을 개탄했다.
	안타까운 현실을 아무리 개탄해 봤자 변하지는 않는다.
갱도	갱도 붕괴 사고로 인부 100여 명이 사망했다.
	갱도 끝을 막장이라 부른다.
거역하다	옛날엔 목숨을 걸지 않고는 명령을 거역하지 못했다.
	시대의 흐름을 거역한 권력자에겐 파멸만 기다릴 뿐이다.
거처	아프신 부모님을 위해 시골에 거처를 마련했습니다.
	거처를 너무 자주 옮기다 보니 이웃과 정이 없었다.
건재하다	10년이 지났지만 뛰어난 말솜씨는 건재했다.
	할머니는 걱정하는 엄마에게 건재한 건강을 과시했다.

漢字音 어휘사전

- **개간**開墾   거친 땅을 일구어 쓸모 있는 땅으로 만듦.
- **개진하다**開陳~   주장이나 사실을 말이나 글로 밝히다.
- **개탄하다**慨歎~   어떤 일이 몹시 못마땅하여 크게 한탄하다.
- **갱도**坑道   광물을 캐려고 땅 속에 뚫어 놓은 길.
- **거역하다**拒逆~   윗사람의 뜻이나 지시를 따르지 않다.
- **거처**居處   일정하게 자리를 잡고 사는 일. 또는 그 장소.
- **건재하다**健在~   힘이나 실력이 줄지 않고 그대로다.

[어휘게임 5]

견지, 결기, 결부, 결핍, 겸양, 겸연, 경각

현수는 작은아빠를 두세 번밖에 보지 못했다. 작은아빠를 볼 때마다 광부로서 당당한 태도를 **견지하며** 사는 모습이 인상적이었다. 순해 보이는 분이 젊었을 때는 반항적인 **결기**를 참지 못해 할아버지에게 대들었다니 조금 믿어지지 않았다. "작은아빠는 할아버지의 가게 사랑을 나를 향한 편애와 **결부했어.** 마음의 **결핍**을 지나치게 확대한 거야. 그 바람에 작은아빠는 순응과 **겸양**하는 태도를 잃었지. 지금이야 나를 만날 때면 **겸연쩍게** 웃으며 지난 얘기를 하지만, 한때는 거역하는 기질 때문에 목숨이 **경각**에 달린 적도 있었단다." 하품을 참으며 억지로 듣던 현수는 작은아빠가 목숨이 경각에 달린 적이 있다는 얘기에 귀가 번쩍 뜨였다.

어휘사용설명서

견지하다　엄마는 아무리 힘들어도 고결한 삶의 태도를 견지했다.
　　　　　왕 앞에서도 자기 견해를 견지했으나 아내의 설득에 무너졌다.

결기　　　괄괄하던 결기가 별안간 어디론가 사라져 버렸다.
　　　　　한순간의 결기로 대들었다가 두고두고 후회했다.

결부하다	지난 일과 지금 일을 결부해서 생각하지 마.
	여러 가지를 결부하다 보면 새로운 논리가 나올지도 몰라.
결핍	집착은 마음속 결핍에서 시작된다.
	결핍에 주목하면 불행하고, 있음에 주목하면 행복하다.
겸양	우리는 양보와 겸양, 인내를 미덕으로 칭송한다.
	당당히 나서야 할 때와 겸양할 때를 구분할 줄 알아야 한다.
겸연쩍다	아무리 떠들어도 반응이 없으니 몹시 겸연쩍었다.
	겸연쩍은 미소를 지었지만 내 의문은 풀리지 않았다.
경각	주인공은 목숨이 경각에 달려 있어 지극히 위험한 상태다.
	회사의 운명이 경각에 결정되었다.

漢字音 어휘사전

- **견지하다**堅持~ 어떤 견해나 주장을 굳게 지키다.
- **결기**-氣 못마땅함을 참지 못하고 화를 내거나 막무가내로 행동하는 성미.
- **결부하다**結付~ 여러 가지를 서로 관련짓거나 끌어다 붙이다.
- **결핍**缺乏 있어야 할 것이 없어지거나 모자람.
- **겸양**謙讓 겸손하게 남에게 양보하거나 사양함.
- **겸연쩍다**慊然~ 창피하거나 미안하여 쑥스럽고 어색하다.
- **경각**頃刻 눈 깜빡할 사이. 아주 위태로운 순간.

[어휘게임 6]

경건, 경박, 경솔, 경의, 경이, 경종, 경황

과거를 회상하는 아빠의 표정엔 얼핏 **경건함**이 스쳤다. 현수에게 교훈을 들려주려 할 때 짓는 표정이었다. "작은아빠는 **경박한** 놈들과 어울렸어. **경솔한** 짓 하지 말라고 그렇게 말렸건만 내 말을 듣지 않았지." 현수는 제대로 반항아 기질을 보여준 작은아빠에게 **경의**를 표했다. "지금의 너랑 똑같았지." 아빠가 아니라 자신이 작은아빠를 닮았다는 사실에 현수는 묘한 **경이**를 느꼈다. "내가 몇 번 **경종**을 울렸지만 작은아빠는 아랑곳 안 했어. 할아버지는 가게 일로 **경황**이 없으셔서 작은아빠에게 큰 신경을 쓰지 못했고. 그러던 어느 날……" 현수는 자신도 모르게 아빠의 이야기에 집중하게 되었다.

어휘사용설명서

경건하다 사진에서 풍기는 경건함에 절로 고개를 숙였다.
장례식장에서는 경건한 자세를 갖춰야 합니다.

경박하다 분명 경박한 놈들의 행실을 배웠기에 못되게 변한 거야.
경박하다 못해 천박한 짓을 하다니 큰일이구나.

경솔하다 막내는 경솔했지만 사건이 벌어진 뒤엔 민첩하게 대응했다.
경솔한 투자는 패망의 지름길이다.

경의	숭고한 희생정신에 경의를 표합니다.
	정년퇴임을 하시는 선생님께 경의를 담은 박수를 보내드렸다.
경이	실패했지만 그동안의 과정은 뿌듯한 보람이요, 찬란한 경이였다.
	경이로운 성공을 거두었기에 그는 당당했다.
경종	이 사건은 우리 사회에 큰 경종을 울렸다.
	수없이 많은 사람들이 경종을 울려도 들은 척도 안 했다.
경황	그동안 경황이 없어서서 못 오시다가 이제야 찾아오셨다.
	다쳐서 피를 흘리는 경황에도 도망가는 차를 정확히 살폈다.

漢字音 어휘사전

- **경건하다**敬虔~   우러러보며 삼가고 엄숙하다.
- **경박하다**輕薄~   말과 몸가짐이 신중하지 못하고 천하다.
- **경솔하다**輕率~   말이나 행동이 조심성이 없고 가볍다.
- **경의**敬意   존경하는 뜻.
- **경이**驚異   놀랍고 신기하게 여김.
- **경종**警鐘   '위급할 때 울리는 종'이란 뜻으로, 일이 잘못되거나 위험이 닥쳐오니 조심하라는 주의나 충고를 빗대는 말.
- **경황**景況   정신적, 시간적 여유나 형편.
- **경황**驚惶   놀라고 두려워 허둥지둥함.

[어휘게임 1]

계량, 계제, 고고, 고도, 고동, 고락, 고사

작은아빠는 새로운 사업을 시작하려고 했다. 작은아빠가 **계량**하기에 성공은 보장된 듯 보였다. 주변에서는 신중하게 **계제**를 밟아나가라고 했지만 작은아빠는 무시했다. 작은아빠가 보기에 할아버지는 품성이 **고고했기**에 주위에서 존경을 받았지만 가족들은 고단했다. 할아버지는 존경을 받고 사셨지만, 현실을 살아가야 하는 가족들, 특히 할머니는 그 누구의 도움도 받지 못해 **고도**에 고립된 듯 날마다 살기 위해 벌이를 다녀야 했다. 작은아빠는 할아버지처럼 살고 싶지 않았다. 작은아빠는 큰돈을 벌고 싶은 욕심에 가슴이 설렘으로 **고동쳤다**. 어려서부터 가게를 꾸려나가며 할머니와 **고락**을 함께 했지만, 성공은 **고사하고** 가게가 망하지 않을까 늘 걱정하며 지내야 했다.

어휘사용설명서

계량　일 년 농사를 계량해 보니 모자라지도 넘치지도 않았다.
정확히 계량을 해서 섞어야 제대로 된 실험 결과가 나올 거야.

계제　급할수록 차근차근 계제를 밟아 나가야 할 거야.
우리 상황이 이것저것 가릴 계제라 생각하니?

고고하다	과연 내 과거는 아름답고 고고하면서도 인간적이었던가?
	아무리 고고한 척해 보여도 인격은 속일 수 없었다.
고도	다도해 국립공원에는 빼어난 풍광을 자랑하는 고도가 많다.
	실업자가 된 뒤 내 인간관계는 고도처럼 변해갔다.
고동치다	내 가슴은 기쁨으로 고동쳤습니다.
	고동치는 희망을 안고 삶을 향한 의지를 불태웠다.
고락	우리 둘은 젊은 날부터 고락을 같이해 온 사이다.
	평생 고락을 나누었기에 늙으면서 오는 추함도 껴안고 산다.
고사하고	그곳은 사람은 고사하고 짐승이 머물기도 어려웠다.
	상위권 진입은 고사하고 꼴찌를 하지나 않으면 다행이다.

漢字音 어휘사전

- **계량**計量   수량을 헤아림. 무게를 잼.
- **계제**階梯   사다리를 밟듯 일이 차차 되어가는 순서나 절차.
  어떤 일을 할 만한 형편이나 기회.
- **고고하다**孤高~   세상일에 관심이 없고 품성이 훌륭하다.
- **고도**孤島   육지에서 멀리 떨어져 외롭게 있는 섬.
- **고동치다**鼓動~   심장이 심하게 뛰다.
  희망이나 이상으로 마음이 활발하게 움직이다.
- **고락**苦樂   괴로움과 즐거움.
- **고사하고**姑捨~   더 말할 나위도 없이.

고아, 고안, 고찰, 고초, 고해, 곡절, 곡필

현수의 할아버지는 **고아한** 인품을 유지하며 이웃에게 베풀기를 즐겼다. 물론 뒷바라지 하는 할머니는 피눈물을 흘려야 했다. 그런 삶은 정말 지긋지긋했다. 작은아빠는 끔찍한 굴레에서 탈출하고 싶어서 새로운 사업을 **고안했고**, 시장 상황을 충분히 **고찰했기** 때문에 성공을 확신했다. 그동안 다양한 사회 경험을 하며 많은 **고초**를 겪어봤기에 이번에는 자신이 있었다. 인생을 **고해**가 아니라 행복의 바다로 만들고 싶었다. 예전에 할아버지에게도 새로운 길을 갈 기회가 있었지만 무슨 **곡절** 때문인지 포기하셨다고 한다. 얼핏 들은 바로는 바른 글이 아니라 **곡필**을 강요당하는 지식인이 싫다며 새로운 길을 포기하셨다는데, 작은아빠는 그런 할아버지를 싫어했다고 한다.

어휘사용설명서

고아하다 그분의 고아한 인품에 모두 감동했다.

겉보기엔 황새처럼 고아했지만 속은 뱁새처럼 좀스러웠다.

고안하다 한글은 백성들을 위해 세종대왕이 고안한 글자다.

새로운 발명품을 고안한 사람에게 큰 상금을 내리겠다.

고찰하다	뉴턴은 중력을 집중적으로 고찰했다.
	누구나 자세히 고찰해 보면 같은 결론에 이르게 된다.
고초	군대 가서 나만큼 고초를 겪은 사람이 또 있을까?
	인생에서 겪은 고초만큼 사람은 성숙해진다.
고해	인생은 끝없는 고해다.
	가난한 자에게는 삶이 고해라고 하나 기쁨의 단비도 가끔은 내린다.
곡절	할아버지께 그런 기막힌 곡절이 있을 줄 누가 알았겠는가?
	이런저런 곡절을 겪은 뒤에야 성공이 눈앞에 다가왔다.
곡필	곡필은 여론을 엉뚱한 쪽으로 몰고 간다.
	과장과 곡필을 섞어 쓴 교묘한 글에 속아 넘어갔다.

漢字音 어휘사전

- **고아하다**高雅~   뜻이나 품격이 높고 우아하다.
- **고안하다**考案~   곰곰이 연구해 새로운 방법이나 물건을 내놓다.
- **고찰하다**考察~   어떤 것을 깊이 생각하고 연구하다.
- **고초**苦楚   괴로움과 어려움.
- **고해**苦海   고통의 바다라는 뜻으로, 끝없는 고통에 시달리는 인간 세상을 이르는 말.
- **곡절**曲折   어떤 일이 생긴 복잡한 사정이나 까닭.
- **곡필**曲筆   바른대로 쓰지 않고 왜곡하여 씀. 또는 그런 글.

곡해, 곤궁, 골몰, 골백번, 공갈, 공대, 공덕

작은아빠의 뜻을 **곡해하는** 사람들이 많았지만 작은아빠는 아랑곳하지 않았다. **곤궁한** 삶에서 벗어나겠다는 의지가 워낙 강했기에 오직 돈 버는 방법을 찾는 데 **골몰했다.** 조심하라는 말을 **골백번** 들어도 반대를 위한 반대, 새로운 도전을 포기하게 만들려는 **공갈**로만 여겼다. 사업을 한다며 사라진지 한 달 뒤, 작은아빠는 자신에게 깍듯이 **공대**하는 동업자를 데리고 나타났다. 동업자는 능력도 좋아 보일 뿐 아니라, 주위에 **공덕**도 많이 쌓으며 사는 듯 보였다. 동업자의 인상이 워낙 좋아서 가족들은 다들 조금은 안심하는 분위기였다.

어휘사용설명서

곡해하다   제 말 곡해해서 듣지는 마시기 바랍니다.

　　　　　어제 언론에 보도된 내용은 제 뜻을 곡해하였습니다.

곤궁하다   지금은 잘 살지만 과거에는 나도 몹시 곤궁한 생활을 했다.

　　　　　빈민가의 풍경은 곤궁하다 못해 비참할 지경이었다.

골몰하다   문제 풀이에 골몰할 뿐 나에게는 신경도 안 썼다.

　　　　　회사 일에 골몰하면 가정은 돌보지 않는 경향이 있다.

골백번	똑같은 말을 골백번이나 되풀이했다.
	골백번 쓰러져도 다시 일어나 도전하겠어.
공갈	일본 형사의 공갈과 협박에도 전혀 굴하지 않았다.
	그 따위 공갈에 내가 속아 넘어 갈 성 싶냐?
공대	윗사람을 대할 때는 깍듯이 공대를 해야 합니다.
	선생님은 제자들에게도 공대를 해서 말씀하신다.
공덕	공덕을 쌓기는 어려우나 무너지기는 하루아침이다.
	조상이 쌓은 공덕에 힘입어 내가 성공했다고 믿습니다.

漢字音 어휘사전

- **곡해하다**曲解~   남의 말이나 행동을 오해하고 잘못 받아들이다.
- **곤궁하다**困窮~   살림이 가난하여 매우 구차하다.
- **골몰하다**汨沒~   오로지 한 가지 일에만 마음을 쏟다.
- **골백번**骨百番   여러 번. 아주 많이.
- **공갈**恐喝   허풍을 섞어 억박지르고 을러대는 짓.
- **공대**恭待   공손하게 잘 대접함. 상대에게 높임말을 함.
- **공덕**功德   착하고 훌륭한 일을 하여 쌓은 업적과 어진 덕.

[어휘게임 4]

공력, 공명, 공모, 공세, 공유, 공존, 공허

작은아빠는 사업에 모든 **공력**을 쏟아 부었다. 돈을 많이 벌어 **공명**을 세상에 널리 알리겠다는 욕심뿐이었다. 아빠도 나중에 안 사실이지만 착해 보이던 동업자는 결코 착한 사람이 아니었다. 동업자는 돈벌이에만 눈이 먼 작자로, 작은아빠를 나쁜 길로 이끌었고, 결국 둘은 **공모해서** 나쁜 제품을 팔아서 부당한 이익을 챙겼다. 작은아빠는 **공세적**으로 사업을 펼쳤다. 할아버지는 사업을 시작한 작은아빠에게 사업에서 **공유**와 **공존**의 정신을 놓치면 안 된다고 누누이 강조했지만, 작은아빠에게 할아버지의 충고는 **공허**한 메아리일 뿐이었다.

어휘사용설명서

공력　　영화 하나를 만들기 위해서는 많은 사람의 공력이 필요하다.
　　　　아무리 공력을 쏟아도 성공은 보장하지 못한다.

공명　　덕을 닦는 일과 공명을 성취하는 길은 결국 하나다.
　　　　공명을 바라지 말고 오직 덕을 구하라.

공모하다　여러 범죄 조직이 공모해서 마약 밀수를 벌였다.
　　　　과거에는 언론이 공모하면 여론 조작은 너무 쉬웠다.

공세	가만히 설명을 듣던 나는 작정하고 질문 공세를 퍼부었다.
	일본군이 공세를 펼쳤지만 독립군은 꿋꿋하게 버텨냈다.
공유	마을 학교의 의미를 공유하지 못한 사람이 많았다.
	공기와 물은 만인의 공유물이다.
공존	지구는 모든 생명체가 공존하는 곳이다.
	부모님의 원수와는 한 하늘 아래 공존할 수 없다.
공허	돈만을 목적으로 산 인생은 공허하다.
	열매를 얻지 못하는 노력이 공허하다고 누가 말하는가?

漢字音 어휘사전

- **공력**功力   애써서 들이는 정성과 힘.
- **공명**功名   훌륭한 일을 하여 자기 이름을 널리 드러냄.
- **공모하다**共謀~   여럿이 함께 나쁜 짓을 꾸미다.
- **공세**攻勢   공격하는 힘이나 움직임.
- **공유**共有   여럿이 함께 소유하거나 나누어 씀.
- **공존**共存   서로 도와서 함께 존재함.
- **공허**空虛   아무것도 없이 텅 빔.

[어휘게임 5]

과욕, 과분, 과언, 관대, 관록, 관망, 관용

늘 문제는 **과욕**이다. 작은아빠는 욕심이 지나쳐 형편에 **과분한** 사업을 벌였다. 무리한 투자는 패망의 지름길이라 해도 **과언**이 아닌데, 작은아빠가 딱 그 길로 들어선 것이다. 만약 평소에 **관대한** 편이었다면 위험이 닥쳤을 때 작은아빠를 도와줄 사람이 있었을 것이다. 아니면 사업에 **관록**이 붙어 능수능란하게 일을 처리했어도 위기를 극복했을 것이다. 그러나 둘 다 아니었다. 작은아빠가 위기에 빠지자 주변 사람들은 그저 사태를 **관망하기**만 할 뿐 도와주지 않았다. 빚쟁이들과 거래처들은 작은아빠를 조이기만 할 뿐 작은 **관용**도 베풀지 않았다. 그러던 어느 날 밤, 동업자가 모든 재산을 처분하고 도망쳐 버렸다. 결국 작은아빠는 완전히 망해버렸다.

• 어휘사용설명서

과욕   어느 누구도 과욕을 부리지 않으니 평화로웠다.

         과욕은 실패로 가는 지름길이다.

과분하다   우리 형편에는 좀 과분하지만 그래도 과감하게 구입했어.

         당신은 제게 너무나 과분한 사람입니다.

과언	작은 실수가 온갖 재앙의 시작이라고 해도 과언이 아니다.
	넌 과언이 아니라고 했지만 내가 보기에 정말 심한 말이었어.
관대하다	기분이 좋아진 그는 죄인을 관대하게 처벌했다.
	행복하면 관대하게 대하지만 불행하면 괴팍하게 대한다.
관록	현주는 살림에 관록이 붙은 주부였다.
	오랜 관록이 묻어나는 명품 반주였다.
관망하다	그 근처를 빙빙 돌며 상황을 관망했다.
	멀리서 관망하지만 말고 직접 실천하기 바란다.
관용	이 죄인에게 부디 관용을 베풀어주시기 바랍니다.
	생각이 다른 자에게 베푸는 관용이 민주주의의 핵심 정신이다.

漢字音 어휘사전

- **과욕**過慾　지나친 욕심.
- **과분하다**過分~　자기 형편이나 능력에 견줘 지나치게 넘치다.
- **과언**過言　정도가 지나친 말. 보통 '아니다'와 함께 씀.
- **관대하다**寬大~　마음이 너그럽고 크다.
- **관록**貫祿　어떤 일을 오래해서 생긴 경험과 솜씨.
- **관망하다**觀望~　살짝 뒤로 물러서서 어떤 일이 되어가는 꼴을 지켜보다.
- **관용**寬容　남의 잘못을 너그럽게 받아들이거나 용서함.

[어휘게임 6]

관조, 괄시, 광활, 괴사, 괴질, 교란, 교착, 교편

할아버지는 사업에 실패하고 큰 빚을 진 작은아빠를 묵묵히 **관조하기**만 할 뿐 아무런 도움을 주지 않았다. 하긴 할아버지가 작은아빠를 **괄시하지** 않는 것만도 다행이었다. 작은아빠는 **광활한** 세상에 홀로 던져진 외로운 신세가 되었다. 그러다 다리와 팔에 **괴사**가 생겼다. 원인을 알 수 없는 **괴질** 때문이었다. 아마도 심각한 마음의 **교란**이 병이 된 듯했다. 병을 너무 방치한 탓이었다. 현수 아빠가 억지로 병원으로 끌고 가 치료를 받게 했지만 병은 낫지도 심해지지도 않는 **교착** 상태가 계속되었다. 그러던 어느 날 **교편**을 잡고 있던 한 친구를 만난 뒤에 작은아빠는 병원에서 말도 없이 사라져 버렸다.

어휘사용설명서

관조하다   더 이상 사회를 관조하는 구경꾼으로 살기는 싫다.
          선비들은 인생을 관조하는 시를 좋아했어.

괄시하다   지금까지 날 괄시하던 놈들은 다 어디 갔나?
          함부로 괄시하면 나중에 화가 되어 돌아온다.

광활하다   연둣빛 화폭은 끝없이 광활하게만 보였다.
          만주 벌판을 달리던 광활한 기상이 살아오는 듯하다.

괴사   염증이 생기고 괴사가 진행되었다.

        괴사가 심해지면 다리를 절단해야 할지도 모른다.

괴질   마을에 괴질이 돌자 인적이 완전히 끊겼다.

        현대 의학은 옛날에 괴질로 부르던 질병의 정체를 많이 밝혀냈다.

교란   생태 교란으로 많은 생명체가 병들었다.

        사회 교란 세력을 몰아내겠다면서 민주주의 싹을 자르고 있다.

교착   노사 협상이 교착 상태에 빠졌다.

        교착 상태를 해결하기 위해 최고 지도자들이 나섰다.

교편   이런 학교에서 교편을 잡느니 차라리 학원 강사를 하고 말겠다.

        네가 교편을 잡다니, 드디어 꿈을 이루었구나!

漢字音 어휘사전

- **관조하다**觀照~   고요한 마음으로 관찰하거나 비치어 보다.
- **괄시하다**恝視~   업신여기고 하찮게 대하다.
- **광활하다**廣闊~   막힌 데가 없이 트이고 넓다.
- **괴사**廣闊~   생체 조직이나 세포가 부분적으로 죽는 일.
- **괴질**怪疾   원인을 알 수 없는 이상한 질병.
- **교란**攪亂   마음이나 상황 따위를 뒤흔들어서 어지럽고 뒤숭숭하게 함.
- **교착**膠着   일이 조금도 나아가지 못하고 멈추어 있음.
- **교편**教鞭   선생님이 가르칠 때 쓰는 막대기. '교사 생활을 하다'를 '교편을 잡다'라고 표현한다.

[어휘게임 1]

구가, 구애, 구제, 구현, 구혼, 구획, 국면

작은아빠의 뒷얘기는 더 이상 현수의 흥미를 끌지 못했다. 작은아빠가 사라지자 가족들은 마음껏 안정을 **구가하며** 지냈다. 어딘가로 사라졌던 작은아빠는 작은엄마의 적극적인 **구애**로 결혼을 했다고 한다. 가족들은 작은엄마가 불쌍한 사람을 **구제**해 준 이유를 모르겠다며 고개를 갸웃거렸다고 한다. 불쌍한 사람을 돕고자 하는 마음을 결혼에 **구현했다**면서, 도대체 얼마나 마음씨가 좋기에 작은아빠에게 **구혼**을 했는지 모르겠다고 수군거렸다고 한다. 작은아빠가 결혼하면서 생활에 확실한 **구획**이 정해졌다. 결혼 후 작은엄마는 작은아빠를 완전히 새사람으로 바꿔놓았고, 작은아빠의 삶은 새로운 **국면**에 접어들었다.

어휘사용설명서

구가하다 나이가 들어서는 태평을 구가하며 지내야 합니다.

안정을 구가하고 싶은 마음이 클수록 도전을 피하게 됩니다.

구애 수컷이 구애를 위해 암컷 앞에서 춤을 춘다.

적극적인 구애로 결혼에 성공했다.

구제 마더 테레사는 인도에서 빈민 구제 사업을 벌였다.

살인자는 더 이상 구제받을 수 없다는 생각은 틀렸다.

구현하다   박흥수는 시대정신을 요리에 구현했다는 평가를 받는다.

정의로운 사회를 구현하기 위해 필요한 개혁은 무엇인가?

구혼   꼭 이렇게까지 복잡한 절차를 거치며 구혼을 해야 하는지 그 이유를 모르겠어.

멋지게 구혼해서 결혼에 성공하고 말 거야.

구획   고대사회에서 토지 경계를 정확히 구획하려다 보니 수학이 발전했다.

맡은 바 책임의 구획을 정확하게 하지 않으면 갈등이 생긴다.

국면   우리나라 경제 상황은 새로운 국면에 접어들었다.

갈등이 심각한 국면에서는 타협하는 능력이 더욱 중요하다.

漢字音 어휘사전

- **구가하다**謳歌~   행복한 처지나 기쁜 마음을 거리낌 없이 나타내다.
- **구애**求愛   이성에게 사랑을 구함.
- **구제**救濟   어려움을 당하는 사람을 도움.
- **구현하다**具現~   어떤 내용을 구체적인 사실로 나타나게 하다.
- **구혼**求婚   결혼을 청함
- **구획**區劃   토지 따위를 경계를 지어 가르는 것.
- **국면**局面   어떤 일이 벌어진 장면이나 형편.

[어휘게임 2]

국장, 국정, 국한, 군락, 궁벽, 궁상, 궁색, 궁여지책

"만델라의 **국장**을 보며 네가 저 사람 누구냐고 물었던 거 기억나?" 현수는 한숨을 쉬며 "네!" 하고 짧게 대답했다. "만델라는 흑인차별이 심했던 남아프리카에서 최초로 **국정**을 맡은 흑인 대통령이었지만, 흑인만이 아닌 국민의 대통령이 되려고 했어. 균형을 잡은 거지. 한 쪽에 지우치지 않은 균형은 정치에만 **국한되는** 원리가 아니야. 작은아빠도……." 현수는 더 이상 아빠의 말을 듣지 않았다. 현수는 뜰 앞에 **군락**을 이룬 꽃들을 바라봤다. 화려한 꽃밭 뒤로 **궁벽스러운** 생긴 지게가 눈길을 잡았다. **궁상**맞게 살던 시절 할아버지가 쓰던 지게라고 했다. **궁색한** 살림을 꾸려나가기 위해 새벽에 지게를 지고 나가 장사를 했다고 한다. 살기 위해 어쩔 수 없이 썼던 **궁여지책**이었다. 현수도 게임에 필요한 돈을 얻으려면 궁여지책을 써야 할지도 모른다고 생각했다.

어휘사용설명서

국장   전임 대통령의 국장을 지켜 보다 눈물이 났습니다.

나라를 위해 큰 희생을 하신 분은 국장을 치러야 한다.

국정   오늘날 국정을 맡은 자들의 그릇은 벼룩의 간만도 못합니다.

국정을 책임진 자리에 오르면 사적인 이익은 버려야 한다.

국한	대량 소비는 공산품에만 국한된 것이 아니다.
	문제를 지나치게 국한해서 보면 해결책이 안 보인다.
군락	아름다운 찔레꽃 군락이 나타났다.
	다양한 종류의 나무들이 군락을 이룬 숲이 건강하다.
궁벽스럽다	넌 어쩜 그리 궁벽스럽게 입고 다니니?
	우리 집은 너무 궁벽스러워서 친구를 초대하기가 싫다.
궁상	손님이 너무 없어 궁상만 떨고 있었다.
	지지리 궁상 그만 떨고 열심히 공부나 해.
궁색하다	수입이 적어 생활이 어렵고 살림도 궁색합니다.
	궁색하게 산다 해서 무조건 불행하지는 않습니다.
궁여지책	환자를 치료하기 위해 궁여지책으로 민간요법을 사용했다.
	하는 수 없이 궁여지책으로 동생에게 손을 벌렸다.

漢字音 어휘사전

- **국장**國葬   나라에 큰 공이 있는 사람의 사망 시 나랏돈으로 장례를 치르는 일.
- **국정**國政   나라의 정치.
- **국한**局限   범위가 일정한 부분에 한정함.
- **군락**群落   같은 생육 조건에서 떼를 지어 자라는 식물 집단.
- **궁벽스럽다**窮僻~   보기에 매우 후미지고 으슥한 데가 있다.
- **궁상**窮狀   어렵고 가난한 상태.
- **궁색하다**窮塞~   아주 가난하다.
- **궁여지책**窮餘之策   궁한 나머지 생각다 못하여 짜낸 계책.

[어휘게임 3]

권고, 권능, 권세, 궐기, 규명, 규탄; 극구, 극명

"게임을 하지 말라는 말이 아니야. 적당히 하라는 말에 무조건 반항하는 게 능사는 아니란다." 현수는 아빠의 **권고**를 콧등으로 흘려보냈다. 현수는 아빠의 **권능**을 전혀 인정하지 않았다. 아빠를 비롯한 어른들은 먼저 태어났다는 **권세**만 믿고 아이들을 함부로 대한다. 가능하다면 모든 청소년이 **궐기**해서 어른 중심의 세상을 뒤집어 버리고 싶었다. 어른들의 주장이 얼마나 억지인지 명백하게 **규명**하고 싶었다. 어른들이 지배하는 세상이야 말로 **규탄**해야 마땅하다. 게임할 돈이 필요하다는 현실이 아빠에게 대들고 싶은 욕구를 **극구** 만류했기에 겨우 참았다. 현수의 속셈과 아빠의 바람은 **극명하게** 달랐다.

어휘사용설명서

권고 회사에서 사직을 권고하였다.

자기 세계에 빠지면 아무리 좋은 권고도 받아들이지 않는다.

권능 자기에게만 허락한 특별한 권능을 발휘했다.

제가 요청하면 권능을 발휘해 문제를 해결해 주세요.

권세 나라의 권세와 영광이 아버지께 있습니다.

권세를 장악한 자들이 부패하면 나라가 망한다.

궐기	3월 1일, 일제에 항거하기 위해 만백성이 일제히 궐기했다.
	오는 6월 10일 독재 타도를 위한 궐기 대회를 개최합니다.
규명	장사고 뭐고 없이 원인 규명에만 매달렸다.
	보상이 아니라 진상 규명이 우선입니다.
규탄	독재를 규탄하는 보도를 내보내고 불이익을 받았다.
	일제 만행 규탄 대회에 모두 참가합시다.
극구	극구 만류하는 통에 시도조차 못해봤다.
	그렇게 말렸는데 극구 하려고 하다가 결국 다치고 말았다.
극명하다	예수 이전과 이후의 세상은 극명하게 다르다.
	쌍둥이였지만 삶은 극명한 내조를 이뤘다.

漢字音 어휘사전

- **권고**勸告 　어떤 일을 하도록 권함.
- **권능**權能 　권세와 능력.
- **권세**權勢 　권력과 세력.
- **궐기**蹶起 　어떤 목적을 이루기 위하여 마음을 돋우고 기운을 내서 힘차게 일어남.
- **규명**糾明 　어떤 사실을 자세히 따져서 바로 밝힘.
- **규탄**糾彈 　잘못이나 옳지 못한 일을 잡아내어 따지고 나무람.
- **극구**極口 　온갖 말을 다하여.
- **극명하다**克明~ 　매우 분명하다.

금실, 기갈, 기거, 기겁, 기괴, 기도, 기미

엄마가 집을 나간 뒤부터 현수는 아빠 말에 귀를 닫아 버렸다. 아빠와 엄마는 **금실**이 아주 좋았다고 한다. 그러나 할아버지가 가업을 위해 엄마를 지나치게 다그치자 힘들어 하던 엄마는 결국 집을 나갔고, 그로 인해 현수는 심각한 정신적 **기갈**을 겪었다. 엄마가 어디에 **기거하는지** 알 수도 없었다. 현수가 엄마 이야기를 꺼내면 아빠는 **기겁**을 하며 나무랐고, 현수가 마치 **기괴한** 이야기라도 꺼낸 듯 질색했다. 현수는 엄마를 찾기 위해 여러 방법을 **기도해** 봤지만 전부 실패했다. 할아버지가 돌아가신 뒤에는 엄마가 돌아오실 **기미**가 있나 살폈지만 아빠는 아무런 변화가 없었다.

어휘사용설명서

금실　마을 사람들은 금실 좋은 부부라고 부러워했다.

　　　아무리 금실이 좋아도 부부싸움은 하기 마련이다.

기갈　육체적 기갈보다 정신의 기갈이 더 문제다.

　　　극심한 기갈에 시달리다 보니 정신이 혼미해졌다.

기거하다　할머니는 큰 아들 집에 기거하겠다고 고집을 부렸다.

　　　이 집에 기거하는 사람들은 전부 정신이상자들 같다.

기겁	뱀이나 밟은 듯 기겁을 했다.
	내가 귀신이냐? 그렇게 기겁하게.
기괴하다	1학년들 사이에 아주 기괴한 소문이 돌았습니다.
	영화가 아무리 기괴해 봤자 현실의 기괴함만 못하다.
기도하다	학생 시위만으로 정부 전복을 기도하기는 불가능하다.
	탈옥을 기도했다고 2년을 더 감옥에 살아야 하다니 가혹하다.
기미	할아버지가 잠드실 기미가 보이면 얼른 실행을 하자.
	고통이 끝날 기미가 보이지 않자 난 지쳐 쓰러져 버렸다.

漢字音 어휘사전

- **금실**琴瑟 　 부부 사이의 사랑이나 정.
- **기갈**飢渴 　 배고픔과 목마름.
- **기거하다**起居~ 　 일정한 곳에서 먹고, 자는 등의 일상적인 생활을 하다.
- **기겁**氣怯 　 갑자기 놀라거나 겁에 질림.
- **기괴하다**奇怪~ 　 아주 기분 나쁘게 괴상하고 기이하다.
- **기도하다**企圖~ 　 어떤 일을 이루기 위해 무언가를 계획하고 행동하다.
- **기미**幾微 　 김새. 어떤 일을 알아차리는 눈치.

[어휘게임 5]

기민, 기별, 기색, 기성복, 기성세대, 기승, 기약

아빠에게서 게임할 돈을 획득하는 데 실패한 현수는 머리를 **기민하** 게 굴렸다. 현수는 아무런 **기별** 없이 불쑥 친구 경진이네 집에 들렀다. 경진이는 당황한 **기색**도 없이 현수를 반가워했다.

경진이는 남들이 입는 **기성복**은 절대 입지 않았고, **기성세대**를 바퀴벌레 보듯 경멸했다. 그런 점이 현수와 통했다. "요즘은 경찰이 **기승** 을 부려서 애들한테 함부로 돈을 갈취하지도 못해." 경진이 투덜거렸 다. "그렇다고 돈이 필요한데 아무런 **기약**도 없이 기다릴 수는 없잖아. 무슨 수를 내야 해." 현수가 말했다.

어휘사용설명서

기민하다   잠잠하던 좀비들이 갑자기 기민하게 움직였다.

　　　　　위급상황에서는 기민하게 대처해야 합니다.

기별   부산에 있는 딸네 집에 기별해야 합니다.

　　　　아무런 기별도 없이 불쑥 나타났다.

기색   수백 명 청중 앞에서도 떨리는 기색 하나 없이 말을 잘 했다.

　　　　아픈 기색이 너무 역력해서 걱정스러웠다.

기성복	어떤 기성복을 사도 딱딱 맞아 고쳐 입을 필요가 없었다.
	요즘 맞춤복을 입는 사람이 어디 있냐? 그냥 기성복 입어.
기성세대	청소년의 비행은 기성세대의 잘못이 크다.
	지난 선거에서 기성세대와 젊은 세대의 갈등이 극심했다.
기승	모기가 기승을 부렸다.
	장마가 끝나면 더위가 기승을 부린다.
기약	아무런 기약도 없이 갑자기 떠났다.
	다시 만날 날을 기약하며 아쉬운 작별의 정을 나누었다.

漢字音 어휘사전

- **기민하다**機敏~ 눈치가 빠르고 행동이 날쌔다.
- **기별**奇別 다른 곳에 있는 사람에게 소식을 전함.
- **기색**氣色 품은 생각이나 느낌이 얼굴이나 몸짓에 나타남.
- **기성복**旣成服 맞춤옷이 아니라 기준 치수에 따라 미리 여러 벌을 지어 놓고 파는 옷.
- **기성세대**旣成世代 현재 사회를 이끄는 나이 든 세대.
- **기승**氣勝 힘이나 기운이 드세게 일어남.
- **기약**期約 때를 정하여 약속함.

[어휘게임 6]

기용, 기재, 기점, 기정사실, 기지, 기품, 기호

"이럴 때 머리 좋은 놈들이 똘마니면 **기용**해서 쓸 텐데. 쩝!" 현수가 입맛을 다셨다. "아니면 돈 많은 빚쟁이라도 있으면 빚 문서에 **기재**된 돈을 받아내면 되는데 말이야." 경진이가 별 생각 없이 말했다. "빚쟁이?" 아마도 그 순간이 현수에게는 비극의 **기점**이 된 것 같았다. "우리에겐 빚쟁이가 있잖아." 현수가 소리쳤고, 경진이가 맞받았다. "맞아! 8반 멍청이 명철이!" 사실 명철이가 빚을 진 건 아니었지만, 마치 빚을 진 게 **기정사실**인 듯 둘은 맞장구를 쳤다. "그런데 멍청이 명철이가 돈을 안 내놓으면 어떡하지?" 현수가 걱정을 하자, "그러니까 **기지**를 발휘해야지." 하고 경진이 말했다. 현수는 당당한 경진에게서 **기품**이 느껴졌다. 경진은 무언가 사색에 잠긴듯하더니 자연스럽게 담배를 꺼내 물었다. 현수는 아직 담배를 피우진 않지만 담배도 하나의 **기호** 식품이라 생각한다.

어휘사용설명서

기용   전문가를 기용해서 문제를 해결하였다.

되도록 젊은 선수들을 기용해서 새로운 기회를 줘야 합니다.

기재	청원서에는 다양한 요구 사항이 기재되어 있었다.
	최종 결정 전에 은근 슬쩍 자기 의견을 기재해서 넣었다.
기점	고속철도의 기점은 서울역일까? 용산역일까?
	1894년을 기점으로 조선은 패망의 길로 접어들었다.
기정사실	완전히 끝났음을 기정사실로 받아들여야 했다.
	여론은 최종전을 하기도 전에 16강 진출을 기정사실화했다.
기지	기주는 결정적인 순간에 독창적인 기지를 발휘하였다.
	맥가이버는 기지를 발휘해 위기를 해결한다.
기품	스승님의 말씀에서 저절로 기품이 풍겼다.
	나이를 먹었으면 나이에 맞는 기품을 보여야 한다.
기호	커피와 술은 기호 식품이다.
	피해만 끼치지 않는다면 자기 기호대로 살아도 될 것이다.

漢字音 어휘사전

- **기용**起用　　어떤 사람을 뽑아서 일을 맡김.
- **기재**記載　　어떤 내용을 적어 넣음.
- **기점**起點　　어떤 것이 일어나거나 시작되는 곳.
- **기정사실**既定事實　이미 정해진 일, 당연한 사실.
- **기지**機智　　경우에 따라 재치 있게 대응하는 지혜.
- **기품**氣品　　생김새나 몸가짐 따위에서 풍기는 멋진 분위기.
- **기호**嗜好　　즐기고 좋아하는 것.

[어휘게임 1]

낙담, 낙인, 난무, 난입, 난잡, 남루, 납득

아빠에게 용돈을 더 받지 못해 생긴 **낙담**이 이제 큰 기대로 바뀌었다. 혹시 잘못돼서 선생님께 들켜도 이미 문제아로 **낙인**이 찍혔기 때문에 더 나빠질 일도 없다. 아빠 귀에 들어가면 또 무슨 일이 벌어질지 이런저런 잡생각이 **난무했지만** 애써 무시해버렸다. 경진과 현수는 바로 명철에게 전화를 걸었고, 집에 혼자 있는 걸 확인하자마자 부잣집에 **난입하는** 도적떼처럼 명철이네 집으로 쳐들어갔다. 명철이 집은 정말 **난잡했다**. 명철이가 **남루한** 옷을 입고 있어서 더 난잡해 보였는지도 모른다. 경진이는 대뜸 명철에게 5천원을 내밀었다. 5천원을 강제로 빌려주고 이자를 몇 만원 받을 속셈이었다. 명철이는 어리둥절했고 경진이가 자신에게 돈을 주는 이유를 **납득하지** 못했다.

어휘사용설명서

낙담　이산가족 상봉이 연기되었다는 소식에 할아버지는 크게 낙담했다.

우리에게 필요한 것은 낙담이 아니라 용기다.

낙인　기철이는 거짓말쟁이로 낙인이 찍혔다.

낙인이론은 문제아로 찍히면 진짜 문제아가 된다고 설명한다.

난무하다	회의실 안은 온갖 의견이 난무하였다.
	쓰레기가 난무하는 거리에 꽃가게가 생겼다.
난입하다	일본 낭인들이 경복궁에 난입해 명성황후를 시해했다.
	너희가 뭔데 함부로 우리 반에 난입해서 난리를 피우냐?
난잡하다	베란다에 여러 가지 물건이 난잡하게 쌓여 있다.
	하도 네가 난잡하게 구니까 욕을 먹지.
남루하다	남루하고 못생긴 내 손이 부끄러워 뒤로 감췄다.
	이사장님은 늘 남루한 옷을 입고 다니신다.
납득하다	환자 보호자는 어쩔 수 없는 상황을 납득했다.
	납득하기 어렵겠지만 평가원의 결정을 받아들여야 했다.

漢字音 어휘사전

- **낙담**落膽　　일이 뜻대로 되지 않아 마음이 몹시 상함.
- **낙인**烙印　　지우기 힘든 아주 나쁜 평가.
- **난무하다**亂舞~　어지럽게 춤추다. 마구 날뛰거나 어지럽히다.
- **난입하다**亂入~　허락받지 않고 제멋대로 뛰어들거나 몰려 들어가다.
- **난잡하다**亂雜~　어지럽고 어수선하다. 삶이 바르지 못하고 거칠다.
- **남루하다**襤褸~　옷 따위가 낡아 해지고 차림새가 너저분하다.
- **납득하다**納得~　다른 사람의 말, 행동, 형편 따위를 잘 받아들이고 이해하다.

[어휘게임 2]

낭자, 낭패, 내력, 내면화, 내색, 내외, 내포

명철이는 입을 꾹 다물고 돈을 안 받겠다고 고집을 부렸고, 경진이는 화가 나서 주먹을 휘둘렀다. 명철이 입 주변에 피가 **낭자했다**. 현수는 혹시 이가 부러졌을까 걱정했다. 이라도 부러지면 정말 **낭패**다. 이가 나가지는 않았는지 명철이는 아무 말도 하지 않고 묵묵히 입 주변에 묻은 피를 닦았다. 워낙 오랫동안 맞아온 **내력** 탓에 피가 나게 맞아도 아무렇지 않은 듯했다. 명철이는 굴욕적인 표정을 지었다. 굴종을 **내면화**한 얼굴이었다. 현수는 그런 명철이가 조금 불쌍했지만 **내색**하지는 않았다. 거실 벽을 보니 명철이 아버지와 어머니 **내외**분께서 다정한 표정으로 내려다보고 있었다. 특히 따뜻한 정을 **내포**한 듯한 명철이 엄마의 눈빛 때문에 현수는 얼른 시선을 돌렸다.

어휘사용설명서

낭자하다 유혈이 낭자하다는 말은 이럴 때 써야 한다.
　　　　　　시체들이 낭자한 영화는 무서워서 못 본다.

낭패　　　열심히 했는데 실패하다니 정말 낭패로구나.
　　　　　　몇 번 낭패를 당하자 도전하려는 의욕도 사라졌다.

내력	이 큰 돌다리의 내력을 들은 것이 아직도 기억에 남는다.
	몇 대째 성공하는 집안은 숨은 내력이 있기 마련이다.
내면화	지배자의 요구가 마음 깊이 내면화되었습니다.
	가르침을 내면화하지 않으면 실천하지 않는다.
내색	맞대 놓고 싫은 내색을 하지는 않았다.
	내색은 안 했지만 싫은 마음은 누구나 알았다.
내외	우리 동네 통닭집은 주인 내외가 함께 운영한다.
	내외분이 참 사이가 좋으시네요.
내포하다	앙다문 입술은 많은 뜻을 내포하고 있었다.
	'다리'는 여러 가지 뜻을 내포하고 있다.

漢字音 어휘사전

- **낭자하다**狼藉~   여기저기 흩어져 어지럽다.
- **낭패**狼狽   계획한 일이 제대로 되지 않고 꼬여서 매우 딱하게 됨.
- **내력**來歷   지금까지 지내온 경로나 경력.
- **내면화**內面化   정신적 심리적으로 마음 속 깊이 자리 잡음.
- **내색**-色   속에 담긴 느낌을 얼굴에 드러냄.
- **내외**內外   아내와 남편을 함께 가리키는 말.
- **내포하다**內包~   어떤 뜻을 속에 지니고 있다.

[어휘게임 3]

냉철, 노고, 노기, 노상, 노쇠, 노천, 노환

현수는 고개를 휘저었다. 이런 때일수록 감상에 젖지 말고 **냉철해져야** 한다. 현수는 돈이 필요하다는 것을 다시 생각해 냈다. 명철에게 돈을 뜯지 못하면 돈을 얻기 위해 또 어떤 **노고**를 해야 할지 모른다. 현수는 일부로 **노기** 띤 목소리로 말했다. "너는 **노상** 얻어터지면서도 정신 못 차렸냐? 빨리 받으라면 받아!" 명철이는 불과 몇 분 사이에 폭삭 늙은 **노쇠**한 얼굴이 되었다. **노천**에서 며칠 밤을 새운 듯, **노환**으로 고생한 듯, 얼굴이 푹 삭아 보였다. 한편으로는 불쌍했지만 한편으로는 한심해 보였다.

어휘사용설명서

냉철하다   의사는 냉철하고 이성적일 수밖에 없다.

          위기가 닥칠수록 냉철하게 대책을 마련해야 한다.

노고   학생들이 상당한 노고를 들여 만든 작품이다.

          선생님의 노고가 헛되지 않게 열심히 하겠습니다.

노기   아버지의 목소리는 벌써부터 노기를 띠었다.

          노기가 치솟은 얼굴을 가라앉히려 애썼다.

노상   아버지는 노상 시커먼 얼굴로 다녔다.

        노상 잘못하면서 반성할 줄 모르는 철면피였다.

노쇠   오랜만에 만난 친구는 나이보다 훨씬 노쇠해 보였다.

        육체는 노쇠했지만 정신은 더욱 맑고 깨끗했다.

노천   노천에서 잠을 자다 큰 봉변을 당했다.

        낡은 거리에 노천카페가 생기면서 활기를 띠었다.

노환   할아버지는 노환으로 오랫동안 고생하시다 돌아가셨다.

        노환은 인간의 피할 수 없는 숙명이다.

漢字音 어휘사전

- **냉철하다**冷徹~   생각이나 판단 따위가 감정에 치우치지 않고 침착하며 사리에 밝다.
- **노고**勞苦   힘들어 수고하고 애씀.
- **노기**怒氣   성난 얼굴빛.
- **노상**路上   언제나 변함없이 한 모양으로.
- **노쇠**老衰   늙어서 쇠약하고 기운이 별로 없음.
- **노천**露天   사방, 상하를 덮거나 가리지 아니한 곳.
- **노환**老患   늙고 약해져서 생긴 병.

[어휘게임 4]

농도, 뇌리, 누명, 누추, 능멸, 단념, 단선적

거실 바닥에 **농도** 짙은 핏물이 뚝 떨어졌다. 갑자기 명철이가 바닥에 푹 쓰러졌다. 무언가 불길한 예감이 **뇌리**를 스쳤다. "야…, 야…! 나…나…난 안 그랬다." 이렇게 더듬더듬 말하고는 경진이는 현관문을 열고 번개처럼 도망쳐버렸다. 이대로 있다간 현수가 완전히 **누명**을 뒤집어 쓸 판이다. 현수도 경진이를 따라 도망칠까 했지만 명철이가 걱정돼 그럴 수 없었다. 지저분한 거실! 쓰러진 명철이! 바닥에 고인 핏물! 갑자기 자기 처지가 **누추한** 거지만도 못하단 생각이 들었다. 비겁하게 도망친 경진이를 **능멸했지만** 그래봐야 소용없었다. 현수는 모든 걸 **단념한** 듯 전화를 집어 들었다. 복잡한 계산은 하지 않았다. 빨리 119를 불러야 한다는 **단선적**인 판단뿐이었다.

어휘사용설명서

농도 글씨마다 먹의 농도가 전부 달랐다.

진한 농도를 보일수록 깊고 푸른 기운이 넘친다.

뇌리 소리 없이 흐르던 눈물이 아직도 내 뇌리에 짙게 남아 있다.

새벽녘에 뇌리를 번쩍 스치는 생각이 떠올랐다.

누명	이순신 장군은 누명을 쓰고 벼슬을 잃었다.
	간신배들이 충신들에게 누명을 씌우는 일이 비일비재하다.
누추하다	작고 누추한 방에서 결혼생활을 시작했다.
	방이 조금 누추하지만 어서 들어오세요.
능멸하다	자신을 배반하고 능멸한 결과였다.
	나를 능멸하다니 피의 복수를 해주고 말리라.
단념하다	단념하는 순간이 희망이 사라지는 순간이다.
	사귀지 못하는 현실을 받아들이고 그녀를 단념해야지 뭐.
단선적	단선적으로 접근하면 문제를 해결하지 못한다.
	다양하고 창조적으로 사고해야지 너무 단선적으로만 사고한다.

漢字音 어휘사전

- **농도**濃度 　　용액 따위의 진함과 묽음의 정도.
- **뇌리**腦裏 　　의식, 기억, 생각 따위를 하는 머릿속.
- **누명**陋名 　　잘못을 하지 않았는데도 억울하게 죄나 허물을 뒤집어 씀.
- **누추하다**陋醜~ 　지저분하고 더럽다.
- **능멸하다**凌蔑~ 　업신여기고 깔보다.
- **단념하다**斷念~ 　하려고 마음먹은 일을 그만 두다.
- **단선적**單線的 　줄이 하나인 듯 매우 단순한.

[어휘게임 5]

당도, 당위, 대경실색, 대절, 도량, 도모, 도식적

다행히도 119는 아주 빨리 **당도했다**. 구급차를 타고가면서 현수는 구조대원들의 질문에 '솔직해야 한다'는 **당위**에 따라 아는 그대로 대답했다. 현수가 병원에 도착한 뒤 10분도 되지 않아 명철이 부모님이 **대경실색**한 얼굴로 병원에 도착했다. 자동차가 없으셔서 택시를 **대절해서** 타고 오신 모양이었다. 다행히 명철이 몸에 큰 이상은 없었다. 정신적인 충격에 잠시 정신을 잃었을 뿐이란다. 앞뒤 상황을 파악하신 명철이 아빠는 최대한 **도량**을 넓게 보이려고 애를 쓰셨다. 화를 낼 상황에서 화를 내지 않는 명철이 아빠가 이해되지 않았지만, 나중을 **도모하**려면 최대한 명철이 아빠에게 기분을 맞춰야 했다. 그래서 현수는 **도식적**으로 잘못했다는 말만 반복했다.

어휘사용설명서

당도하다 내 믿음은 집에 당도했을 때 무참히 깨지고 말았다.

택배가 당도하자 현미는 환하게 웃었다.

당위 그동안 당위적으로 실천해 왔기에 보람을 느끼지 못했다.

당위를 따르기보다 자기 신념을 우선해야 한다.

대경실색   주식 값이 떨어지자 아빠는 대경실색했다.

성적이 떨어졌다고 그렇게 대경실색하실 건 없잖아.

대절하다   아줌마들은 버스를 대절해서 놀러 갔다.

요즘은 별의별 물건을 다 대절해서 쓴다.

도량   평범한 장사꾼들은 도저히 상상도 못할 도량이었다.

도량이 넓은 어른 밑에 머물러야 배움을 얻는다.

도모하다   천하를 도모하고자 한다면 먼저 호걸들과 사귀시오.

일은 사람이 도모하지만 하늘의 뜻이 없다면 이루지 못한다.

도식적   다른 영화를 도식적으로 모방했다.

도식적인 인사말을 나누고 나자 어색한 침묵이 흘렀다.

漢字音 어휘사전

- **당도하다**當到~   어떤 곳에 다다르다.
- **당위**當爲   마땅히 그렇게 하거나 되어야 함.
- **대경실색**大驚失色   몹시 놀라 얼굴이 하얗게 질림.
- **대절하다**貸切~   돈을 주고 물건을 통째로 빌리다.
- **도량**度量   무언가를 받아들이는 너그러운 마음의 크기.
- **도모하다**圖謀~   어떤 일을 이루기 위하여 대책과 방법을 세우다.
- **도식적**圖式的   일정한 형식이나 틀에 기계적으로 맞추려 하는.

도취, 도회지, 독식, 독촉, 동란, 동반, 동분서주

병원을 나왔을 때 거리는 이미 밤이었다. 현수는 모든 것이 잘 풀릴 거라는 기대감과 자신의 용기에 **도취**되어 마냥 싱글벙글하였다. **도회지**를 밝히는 환한 조명 빛을 **독식하는** 기분을 느끼며 천천히 걸었다. 문 뜩 시간을 보니 밤 10시가 가까워졌다. 밤 10시는 통행금지 시간이다. 현수는 집으로 갈 것을 **독촉**하는 시간이 원망스러웠지만 느릿느릿 발걸음을 옮겼다. 그런데 집에 도착해 보니, 집안이 마치 6.25 **동란**이 일어난 듯 난장판이었다. 아빠는 현수 일을 전해 듣고 물건을 집어 던지며 화를 내다가 어지럼증과 통증이 **동반**해서 왔다고 한다. 친척들이 황급히 도착해서 병원으로 모셔 가려고 했으나, 병원은 가지 않겠다고 버티는 아빠 때문에 친척들은 이러지도 저러지도 못한 채, 그저 마음만 **동분서주**하고 있었다.

어휘사용설명서

도취   혼자 음악에 도취한 듯 눈을 지그시 감았다.

　　　커피 향에 도취되어 카페를 떠날 줄 몰랐다.

도회지   사람은 도회지에 가 봐야 성공을 꿈꿀 수 있다.

　　　복잡한 도회지를 떠나 한적한 시골로 가고 싶다.

독식하다 하늘의 햇볕을 독식하니 저절로 배가 불렀다.

나폴레옹은 혁명의 성과를 전부 독식했다.

독촉 그렇게 독촉하지 않아도 갚을 테니 걱정 마쇼.

불같은 독촉에 몸 둘 바를 모르겠습니다.

동란 우리 집은 이번 동란에 입은 피해가 별로 없었다.

동란이 발생하면 힘없는 백성들이 가장 큰 피해를 입는다.

동반 탈수 증세까지 동반하며 일어났기에 심각했다.

노동자와 사용주가 동반자라고 늘 강조한다.

동분서주 의사를 모셔오려고 동분서주하였다.

보물을 찾기 위해 동분서주하였지만 찾지 못했다.

漢字音 어휘사전

- **도취** 陶醉   어떠한 것에 마음이 쏠려 취하다시피 함.
- **도회지**都會地   사람이 많이 살고 상업과 교통이 활발한 지역.
- **독식하다**獨食~   혼자서 먹다. 성과나 이익을 혼자서 다 차지하다.
- **독촉**督促   일이나 행동을 빨리하도록 재촉함.
- **동란**動亂   폭동, 반란, 전쟁이 일어나 사회가 질서를 잃고 어지러워지는 사건.
- **동반**同伴   어떤 사물이나 현상이 함께 생김.
- **동분서주**東奔西走   동쪽으로 뛰고 서쪽으로 뛴다는 뜻. 이리저리 바쁘게 돌아다님.

동일시, 동정, 동조, 두둔, 두서, 득의양양, 등한

현수 아빠는 현수의 잘못을 당신이 잘못한 것처럼 **동일시**했다. 아빠와 현수의 **동정**을 조심스럽게 살피던 친척들은 현수가 풀이 죽어 있자 아빠 의견에 **동조하며** 현수를 몰아세웠다. 아무도 현수를 **두둔하지** 않았다. 현수는 친척들의 야단에 **두서없이** 대답하다가 지난날의 잘못까지 전부 털어놓고 말았다. 그러나 아무도 현수를 이해해 주지 않았다. 오히려 현수의 약점을 잡기라도 했다는 듯이 **득의양양한** 기세로 몰아붙였다. 현수는 평소에는 자신에게 **등한하던** 친척들이 왜 이러는지 도저히 이해할 수 없었다. 결국 현수는 집을 뛰쳐나와 버렸다. 그때였다. 어디선가 독특한 커피 향이 현수의 발길을 끌어당겼다. 규칙적으로 놓인 돌과 나무가 현수를 맞이했고, 잠시 뒤 〈어휘를 파는 카페〉라는 작은 간판이 눈에 들어왔다.

어휘사용설명서

동일시   도시화나 산업화를 동일시하면 안 된다.

나는 나고 엄마는 엄마인데 왜 동일시하는지 모르겠어요.

동정   한국으로 건너가 먼저 국민들의 동정을 살폈다.

적의 동정을 정확히 파악해서 우리에게 보고하라!

동조하다	우리도 정부의 방침에 적극 동조해야 한다.
	대중적인 분위기에 동조하느라 본질을 제대로 살피지 못했다.
두둔하다	형은 잘못을 저지른 동생을 두둔했다.
	친구들이 아무리 두둔해도 선생님은 듣지 않았다.
두서없이	말도 두서없고 얼굴도 초췌했다.
	모험담을 두서없이 늘어놓았기에 재미가 없었다.
득의양양하다	알렉산더는 50만 대군 앞에서도 득의양양한 미소를 잃지 않았다.
	성적이 올랐다고 득의양양하니 꼴 보기 싫었다.
등한하다	공중도덕을 가르치는 데는 등한하고 무신경하다.
	평소에 등한하다가 꼭 시험 결과가 나오면 신경을 쓰는 척한다.

漢字音 어휘사전

- **동일시**同一視 똑같은 것으로 여김.
- **동정**動靜 일이나 현상이 벌어지고 있는 낌새.
- **동조하다**同調~ 남의 주장에 자기의 의견을 똑같이 하거나 보조를 맞추다.
- **두둔하다**斗頓~ 편들어 감싸 주거나 역성을 들어주다.
- **두서없다**頭緒~ 일의 차례나 갈피가 없다.
- **득의양양하다**得意揚揚~ 일이 뜻대로 이루어져 만족해하거나 뽐내다.
- **등한하다**等閑~ 어떤 일에 관심이 없거나 소홀하다.

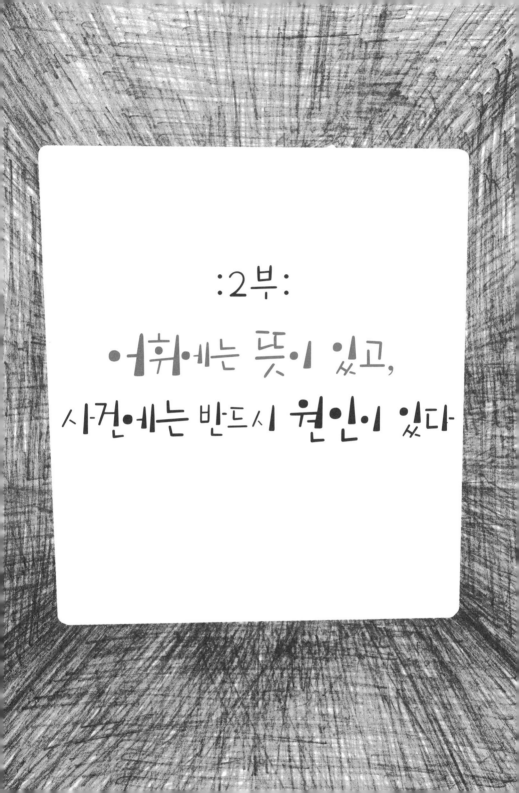

:2부:

어휘에는 뜻이 있고,

사건에는 반드시 원인이 있다

〈어휘게임〉에 빠져 실종된 아이들

"내일 다시 오렴."

주인은 나를 방에 밀어 넣었듯이 밖으로 내보낼 때도 부드럽게 밀어냈다. 나는 현수에 대해, 그 영상에 대해 꼭 물어보고 싶었지만 카페 주인은 거역할 수 없는 미소와 부드러운 힘으로 나를 내쫓다시피했다. 영상은 현수가 〈어휘를 파는 카페〉와 만나는 순간에 끝났다. 그 뒤에 현수는 어떻게 된 걸까? 현수도 이 카페에서 〈어휘게임〉을했을 것이다. 혹시 〈어휘게임〉을 잘 못한 걸까? 정말 이 〈어휘게임〉이 시간을 다스리는 힘을 주는 걸까? 게임을 잘 못하면 자기 시간을 지불해야 하는 걸까? 수많은 궁금증이 일었지만 물어볼 수도 없었다. 상식으로 판단하기도 불가능했다. 나는 그저 내일을 기약하며 집으로 향하는 것 외에는 다른 선택을 할 수가 없었다.

집에 와서도 계속 고민했지만 뾰족한 답을 찾지는 못했다. 머리가 너무 복잡했다. 이럴 때는 프로파일러 책을 읽는 게 최고다. 사건에 대해 고민하느라 엄마와 약속한 2시간의 독서시간이 거의 지나가 버렸다. 이런, 내게 가장 소중한 독서시간이 이렇게 흘러가 버리다니. 겨우 10분밖에 남지 않았다. 그래도 귀한 시간이다. 나는 프로파일러에 관한 책을 집어 들었다. 급하게 읽었다. 5분이 금방 지나갔다. 이제 5분 남았다.

'시간이 길어지면 얼마나 좋을까?'

정말 단지 그렇게 생각했을 뿐인데, 내가 생각한 문장이 눈앞에 나타났다. 〈어휘게임〉을 했을 때처럼 '시간이 길어지면 얼마나 좋을까'란 문장이 진짜로 나타났다. 처음에는 흐릿하더니 나중에는 선명했다. 문장이 선명하게 나타난 뒤 눈이 이상했다. 불빛이 번쩍이는 느낌이 들었다. 눈 밖이 아니었다. 눈 안이었다. 그리고 눈 안에서 번쩍이던 빛은 눈 밖으로 폭탄이 터지듯 퍼져나갔다.

설명은 길었지만 사실은 매우 짧은 순간에 벌어진 일이었다. 나는 잠시 어리둥절했지만 착각이라고 여기고, 5분이지만 소중한 독서시간을 아끼기 위해 다시 독서에 집중했다. 나는 책에 푹 빠져들었다. 시간이 지나면 엄마가 들어와서 학교 공부할 시간이라고 알려주기에 굳이 내가 시간을 확인할 필요는 없었다. 엄마가 조금이라도 늦게 들어오면 시간을 버는 셈이기에 일부러 내가 시간 맞춰 끝낼 필요는 없었다. 나는 책과 하나가 되어 책 속으로 파고들었다. 그러다 보니 어느새 400쪽이나 되는 책을 전부 읽어 버렸다. 무심결에 시간을 봤다. 아직 4분이 남아 있었다.

"이게 어찌 된 일이지? 분명 난 책을 다 읽었는데?"

의아해진 나는 서둘러 책을 덮고 밖으로 나갔다.

"어! 4분이나 남았는데 벌써 나왔네? 평소엔 엄마가 들어갈 때까지 나올 생각을 않더니……."

나는 당황해서 엄마에게 시간을 몇 번이나 물었지만 돌아오는 대답은 동일했다.

"4분 남았어. 이제 3분 남았네."

이게 어떻게 된 일일까? 너무 책에 빠져들어서 시간이 흐르는 기분을 잘 느끼지 못하긴 했지만 내가 1분 만에 400쪽에 달하는 책을 읽을 수는 없다. 족히 3~4시간은 흘러야 정상이다. 책을 읽는 동안의 집중력도 이상했다. 물론 내가 책을 읽을 때 정신없이 몰입하는 경향이 있기는 하지만, 이 정도로 빠져들지는 않는다. 책을 읽는 시간 동안 나는 책과 완전히 결합된 상태였다. 말 그대로 하나가 된 상태였다. 온전히 독서를 즐겼고, 너무나 행복한 시간이었다. 이런 시간을 보낸 적이 지금까지 몇 번이나 있었을까? 억지로 기억하려 해도 잘 떠오르지 않는 경험이다. 이게 어찌된 일이란 말인가? 있을 수 없는 일이다. 이게 혹시, 〈어휘를 파는 카페〉와 관련이 있는 걸까? 궁금증을 해결하려면 〈어휘를 파는 카페〉를 찾아가는 수밖에 없다.

그 다음날 학교가 끝나자마자 나는 그 카페를 찾아갔다. 막상 카페를 찾으려고 하니 가는 길이 잘 기억나지 않았다. 그러나 카페를 찾는 데는 어려움이 없었다. 향기 때문이다. 그 진한 향기가 내 발길을 끌었고, 난 어느 순간 카페 대문 앞에 서 있었다. 그리고 어제와 마찬가지로 커피를 마시고 〈어휘게임〉을 했다. 카페 주인은 반갑게 맞아 주었지만, 역시 내가 질문할 틈은 주지 않았다.

[어휘게임 1]

막론, 만개, 만끽, 만류, 만면, 만무, 만발, 만연

슬비는 어느 때를 **막론하고** 웃지 않았다. 벚꽃이 **만개하여** 봄을 만 **끽하는** 화사한 봄에도 웃지 않았다. 웃지 말라고 누가 **만류하는** 것도 아니건만 절대 웃지 않았다. **만면**에 번지는 환한 웃음뿐 아니라 작은 웃음조차 짓지 않았다. 물론 슬비가 웃는 능력이 없을 리는 **만무하다**. 다만 어느 순간부터 웃음을 잃어 버렸을 뿐이다. 선생님이 농담을 던 져 교실에 웃음꽃이 **만발하는**데도 슬비는 무신경했다. 마치 웃음이라 는 것 자체가 이 세상에 없는 것처럼 슬비는 웃음의 즐거움을 **만끽하 지** 못했던 것이다. 슬비처럼 웃음을 잃은 학생들이 **만연하다면** 세상은 지옥으로 변해버릴 것이다.

어휘사용설명서

막론하다 명령을 어기면 자는 어느 누구를 막론하고 처벌을 면치 못 한다.

신분이 높고 낮음을 막론하고 법 앞에 평등하다.

만개하다 5월은 진달래가 만개하는 아름다운 달이다.

꽃들이 만개하는 봄이 오면 마음의 꽃도 만개한다.

만끽하다	풍성한 가을이 오는 기쁨을 더 만끽하자.
	이 순간을 만끽하지 못하면 더 이상 기회는 없다.
만류하다	극구 만류하는 통에 결국 잡지 못했다.
	만류하길 바랐는데 안 말려서 서운했다.
만면	아버지는 만면에 웃음을 가득 지었다.
	기쁨이 만면에 황홀하게 피었다.
만무하다	이기려는 의지가 없으니 승리할 가능성이 만무하다.
	성공할 확률이 만무하다면 과감히 포기해야 한다.
만발하다	꽃이 만발할 때 시녀를 거느리고 즐겁게 놀았다.
	웃음이 만발하면 행복도 만발한다.
만연하다	실업이 만연하면서 범죄가 크게 늘었다.
	불신이 만연한 사회에 정의란 없다.

漢字音 어휘사전

- **막론하다**莫論~ 이것저것 따지고 가려 말하지 아니하다.
- **만개하다**滿開~ 활짝 피다.
- **만끽하다**滿喫~ 욕망을 마음껏 충족하다.
- **만류하다**挽留~ 붙들고 못 하게 말리다.
- **만면**滿面 온 얼굴.
- **만무하다**萬無~ 절대로 없다.
- **만발하다**滿發~ 꽃이 한꺼번에 활짝 피다. 웃음 따위가 한꺼번에 많이 일어나다.
- **만연하다**蔓衍~ 전염병이나 나쁜 현상 따위가 널리 퍼지다.

[어휘게임 2]

만용, 망라, 망명, 망발, 망연자실, 망중한, 망측

쉬는 시간에 현지가 지나가다 무심결에 슬비 책상을 건드렸다. 슬비가 공부하던 연필이 흔들리며 기다란 줄이 문제집을 가로질렀다. 슬비는 차갑게 현지를 노려봤다. "아…아… 미안해." 문제아 현지였지만 감히 슬비에게 대드는 **만용**을 부리진 않았다. 다른 아이였다면 자신이 잘못해놓고도 온갖 욕을 **망라해서** 쏘아붙였겠지만 북극의 **망명**객으로 불리는 슬비는 예외였다. 그때 갑자기 슬비가 일어나는가 싶더니 현지 뺨을 때렸다. 순식간에 벌어진 일이었고, 누가 봐도 슬비의 행동은 도리에 어긋나는 **망발**이었다. 현지는 아픔도 잊었는지 **망연자실**했고, 쉬는 시간의 **망중한**을 즐기던 아이들은 조용해졌다. 슬비는 주위 시선은 아랑곳 않고 다시 앉아 문제집으로 시선을 돌렸고, 현지는 뺨을 만지며 어쩔 줄 몰라 했다. 누가 봐도 참 **망측한** 광경이었다.

어휘사용설명서

만용   만용은 비겁보다 위험하다.

          무서우면 무섭다고 하고 괜히 만용 부리지 마.

망라하다 모든 주제를 망라해서 연구해 보고 싶습니다.

          내 생애를 망라한 자서전을 남기고 싶다.

망명	그는 망명한 사람처럼 부자유스러운 생활을 했다.
	독재를 반대해서 망명을 신청하는 사람이 많다.
망발	부모님께 욕을 하다니 그런 망발이 어디 있냐?
	함부로 망발을 늘어놓다가는 큰 일 난다.
망연자실	그들이 노는 모습을 망연자실 지켜보고 있었다.
	모든 돈을 잃고 망연자실했다.
망중한	일을 다 끝내고 망중한을 즐겼다.
	장자가 말한 「소요유」는 망중한과 닮았다.
망측하다	부끄럽게 왜 그래요. 참 망측하기도 하지.
	욕의 뜻을 알면 대부분 망측해서 쓰기 꺼려진다.

漢字音 어휘사전

- **만용蠻勇** 능력이나 형편을 고려하지 않고 마구 부리는 용기.
- **망라하다網羅~** 널리 받아들여 두루 갖추다.
- **망명亡命** 정치적인 이유로 박해를 받거나 받을 위험이 있는 사람이 외국으로 몸을 피함.
- **망발妄發** 매우 그릇된 말이나 행동.
- **망연자실茫然自失** 정신이 멍한 상태가 됨.
- **망중한忙中閑** 바쁜 가운데 잠깐 얻어 낸 틈.
- **망측하다罔測~** 정상이 아니라 어이가 없어 차마 보기가 어렵다.

[어휘게임 3]

매개, 매진, 맥락, 맹신, 맹위, 면책, 명명

긴장이 흘렀다. 이럴 때 둘 사이를 **매개**해서 이 긴장을 풀어줄 친구는 아무도 없었다. 분위기는 냉랭했지만 슬비는 그저 문제 풀이에만 **매진**할 뿐이었다. "아니 이게 진짜……." 현지는 뭐라고 중얼거렸는데 앞뒤 **맥락**이 전혀 없었다. 현지는 평소에는 **맹목**적으로 분노를 터트리고, 자기 패거리의 힘을 **맹신**해서 아무에게나 말도 함부로 하는 편이었지만 슬비를 향해서는 그럴 용기가 없었다. 현지 패거리는 학교에서 나쁜 짓으로 **맹위**를 떨쳤지만, 슬비는 **면책** 특권을 누리는 특별한 학생이었기에 감히 건드리지 못했다. 슬비를 '북극의 망명객'으로 **명명**하게 된 사건이 일어났고 현지는 한숨을 길게 내쉬고는 몸을 돌렸다.

어휘사용설명서

매개 사과는 사랑을 전달하는 매개 역할을 한다.

나는 형과 형수가 사귀는 매개 노릇을 했다.

매진하다 공부에 매진해서 좋은 결과를 얻었다.

방해꾼이 많아도, 여건이 안 좋아도 끝까지 매진하라.

맥락 단어는 문장이나 맥락을 통해서만 자신의 의미를 확정한다.

맥락을 살피지 않으면 뜻을 잘못 받아들이기 쉽다.

맹목	우월한 자의 말에 맹목적으로 순응한다.
	생각 없는 배움은 맹목이요, 배움 없는 생각은 허무하다.
맹신	점을 맹신하는 사람이 아직도 있나요?
	종교를 맹신하면서 집안을 돌보지 않았다.
맹위	겨울 추위가 맹위를 떨쳤다.
	1950년대 미국에서는 매카시즘이 맹위를 떨쳤다.
면책	국회의원은 국회 내에서 면책 특권을 누린다.
	잘못을 저질렀으면 면책을 바라지 말아야 한다.
명명하다	새로 발견한 소행성의 이름을 홍대용으로 명명했다.
	어떻게 명명하느냐에 따라 사건에 대한 인상이 달라진다.

漢字音 어휘사전

- **매개**媒介 　　둘 사이에서 양쪽을 이어줌.
- **매진하다**邁進~ 　온 힘을 기울여 어떤 일을 해나가다.
- **맥락**脈絡 　　사물이나 일의 앞뒤가 서로 이어지는 관계나 흐름.
- **맹목**盲目 　　주관이나 원칙이 없이 덮어놓고 행동함.
- **맹신**盲信 　　옳고 그름을 따지지 않고 무턱대고 믿음.
- **맹위**猛威 　　아주 거칠고 사나운 기세.
- **면책**免責 　　잘못이나 실수에 대한 책임을 지지 않음.
- **명명하다**命名~ 　사람, 사물, 사건 따위의 대상에 이름을 지어 붙이다.

명목, 명시, 모략, 모색, 모의, 모종, 모태, 목석

현지 패거리들은 이번 사건을 **명목**으로 비상대책을 하는 모양이다. 패거리들은 슬비를 더 이상 그대로 두지 않겠다고 대내외에 **명시했다.** 일반 학생들은 현지 패거리들 눈치를 살피며 조심했다. 패거리들은 무슨 **모략**을 꾸미는지 모르지만 학교에서 자주 모이는 것을 볼 수 있었다. 아마도 슬비를 곤경에 빠뜨릴 방법을 **모색하고 모의**하는 게 분명하다. 그러나 슬비는 만만한 상대가 아니었다. **모종**의 불길한 분위기를 아는지 모르는지 슬비는 그저 웃음기 없이 공부만 했다. 불안은 변화의 **모태**라고 하는데 슬비는 주위에서 불안이 몰려오는 기세가 분명한데도, 여전히 **목석**처럼 의자에서 일어나지 않고 공부만 했다.

어휘사용설명서

명목   발전해야 한다는 명목으로 자연을 파괴해서는 안 된다.

        내세우는 명목은 훌륭했지만 진실은 달랐다.

명시하다   겉으로 명시하지는 않았지만 우승이 목표였다.

        명시해 놓은 설명서와 다르면 계약은 무효다.

모략   모략을 꾸며서 함정에 빠뜨렸다.

        누가 나를 모략해서 곤경에 빠뜨렸는지 밝히고 말겠다.

모색하다	흐름을 바꿀 방향을 모색해야 한다.
	평화롭게 해결할 방법을 모색하기 위해 애쓰는 중이다.
모의	미리 모의를 했지만 실전에는 별 소용이 없었다.
	전학 온 친구를 골탕 먹일 방법을 모의했다.
모종	뭔지 모르겠지만 모종의 명령을 받은 게 분명해.
	뒤에서 모종의 합의가 있었지만 드러나지는 않았다.
모태	흙은 생명의 모태다.
	아기는 모태에서 10달 동안 머물다 세상에 나온다.
목석	목석의 애간장이라도 녹일 듯 애틋한 표정이었다.
	아무리 목석 같은 사람이라도 눈물을 흘릴 수밖에 없는 상황이다.

漢字音 어휘사전

- **명목**名目 　　　 속과 달리 겉으로 내세우는 구실이나 이유.
- **명시하다**明示~ 　 분명하게 드러내 보이다.
- **모략**謀略 　　　 남을 해치려고 속임수를 씀.
- **모색하다**摸索~ 　 일이나 사건 따위를 해결하는 실마리를 더듬어 찾다.
- **모의**謀議 　　　 어떤 일을 꾀하고 의논함.
- **모종**某種 　　　 어떠한 종류.
- **모태**母胎 　　　 어미의 자궁 안. 사물이 발생·발전하는 근거가 되는 토대.
- **목석**木石 　　　 나무나 돌처럼 아무런 감정도 없는 사람을 비유하는 말.

[어휘게임 5]

몰두, 몰상식, 묘책, 묘연, 무관, 무료, 무색

슬비를 골탕 먹일 방법을 찾는 데 **몰두**하던 현지 패거리들은 드디어 **몰상식**하지만 자기들이 판단할 때는 최고의 **묘책**을 찾아낸 듯 하다. 현지 패거리들이 음모를 실행하기로 한 날, 우연인지 필연인지 모르지만 슬비는 학교에 나타나지 않았다. 선생님이 이곳저곳에 연락해도 행방이 **묘연하기**만 했다. 선생님은 쉬는 시간에 현지를 불러 관련이 있는지 다그쳤지만 현지는 자신과는 **무관하다**며 극구 부인했다. 수업시간에 들어오신 선생님마다 걱정을 했지만 학생들은 그 누구도 슬비를 걱정하지 않았다. 6교시 수업이 시작하기 바로 전, 슬비는 **무료한** 표정을 지으며 교실 문으로 들어섰다. 선생님들의 걱정이 **무색하게** 슬비는 아무렇지 않아 보였다.

어휘사용설명서

몰두 게임에 몰두하느라 시간 가는 줄 몰랐다.

몰두가 필요할 때는 딴짓을 하면 안 되지.

몰상식 영화관에서 몰상식한 행동을 하면 꼴불견이다.

몰상식한 사람에겐 아무리 충고해봐야 소용없다.

묘책	위기에 빠졌지만 아무런 묘책도 찾지 못했다.
	물건을 판매할 묘책이 떠오르자 곧바로 실행에 옮겼다.
묘연하다	아무리 찾았지만 실종자의 행방은 묘연하기만 했다.
	떠나간 내 님의 소식은 묘연했다.
무관하다	형의 일이 정녕 자기와 무관한 일은 아니었다.
	세상에 나와 무관한 일이 어디 있겠는가?
무료하다	친구와 놀지 않으니 무료하기만 했다.
	무료함을 달래려고 스마트폰을 만지작거렸다.
무색하다	두 눈이 마주치자 무색해서 눈을 땅바닥으로 떨어뜨렸다.
	피아노 선율이 무색할 만큼 싱그러운 소리였다.

漢字音 어휘사전

- **몰두**沒頭 　　어떤 일에 온 정성과 정열을 쏟음.
- **몰상식**沒常識 　상식이 전혀 없음.
- **묘책**妙策 　　매우 교묘한 꾀.
- **묘연하다**杳然~ 　소식이나 행방을 전혀 알 길이 없다.
- **무관하다**無關~ 　어떤 일 따위와 관계가 없다.
- **무료하다**無聊~ 　흥미 있는 일 없어 심심하고 지루하다.
- **무색하다**無色~ 　겸연쩍고 부끄럽다. 본래의 특색을 드러내지 못하고 보잘것없다.

[어휘게임 6]

무성, 무시로, 무안, 무정, 무지, 묵례, 묵살, 묵언

지각 한 번 없던 슬비가 늦게 온 이유에 대해 이런저런 소문이 **무성했지만** 진실은 아무도 몰랐다. 선생님들은 **무시로** 찾아와서 슬비의 안부를 물었지만 옆에서 보기에 **무안할** 정도로 슬비는 차가웠고, **무정했다.** 선생님들도 슬비가 늘 전 과목 만점을 맞고, 학교 이사장도 깍듯이 모시는 엄청난 부잣집 딸이라는 것만 알 뿐 그 외에는 **무지했다.** 걱정해서 찾아오시는 선생님들께 **묵례조차** 하지 않는 얄미운 슬비. 모든 질문을 **묵살했고,** 끝까지 **묵언으로** 일관했다. 북극의 망명객이란 별명은 괜히 붙은 게 아니었다.

어휘사용설명서

무성하다　칡넝쿨이 무성하게 자라나 나무를 뒤덮었다.

　　　　　　무성한 수풀 사이로 고라니가 튀어나왔다.

무시로　　붕어가 무시로 뛰어올랐다.

　　　　　　차안에서 무시로 노래를 부르는 통에 잠을 못 잤다.

무안하다　옆에 있던 나도 무안해질 만큼 너무 시끄러웠다.

　　　　　　너무 무안해서 고개를 푹 숙이고만 있었다.

무정하다	봄날인데 왜 이리 무정한 비바람이 부는지.
	무정한 현수는 남의 고통에 전혀 관심이 없었다.
무지하다	하여간 무지한 놈은 어쩔 수가 없어.
	무지하다고 해서 죄를 용서받을 수는 없다.
묵례	존경하는 마음을 담아 묵례를 드렸다.
	일제히 선생님께 묵례를 하고 수업을 시작했다.
묵살하다	내 의견을 묵살하더니 결국 사고가 났어.
	좋은 지도자는 주위의 의견을 묵살하지 않는다.
묵언	우리 학교에선 벌칙으로 묵언 수행을 시킨다.
	지금은 수백 마디 말보다 묵언이 필요할 때다.

漢字音 어휘사전

- **무성하다**茂盛~ 풀이나 나무 따위가 자라서 우거져 있다.
- **무시로**無時- 특별히 정한 때가 없이 아무 때나.
- **무안하다**無顔~ 수줍거나 창피하여 볼 낯이 없다.
- **무정하다**無情~ 마음이 차갑고 정이 없다. 남의 사정에 아랑곳없다.
- **무지하다**無知~ 아는 것이 없다.
- **묵례**默禮 말없이 고개만 숙이는 인사.
- **묵살하다**默殺~ 남의 말이나 의견을 완전히 무시하다.
- **묵언**默言 아무런 말도 하지 않음.

[어휘게임 7]

묵인, 문헌, 물색, 미약, 미물, 미세, 미천

슬비가 지각했지만 선생님들은 슬비의 잘못을 **묵인했다.** 심지어 출석부에도 지각으로 기록하지 않았다. 그 어떤 **문헌**을 뒤져도 5교시가 끝난 뒤에 온 학생이 지각이 아니라는 근거를 찾지 못할 것이다. 슬비를 골탕 먹일 적당한 때를 **물색**하던 현지 패거리들은 슬비의 지각이 자기들에게 유리할지 불리할지 몰라 머뭇거렸다. 상황을 살피기 위해 옆을 지나던 현지는 **미약하지**만 커피 향을 맡았다. 코가 예민한 현지가 냄새를 맡는 시늉을 하며 슬비 쪽으로 접근하자 슬비가 매섭게 노려봤다. 당황한 현지는 죽기 싫은 **미물**처럼 꿈틀꿈틀 뒤로 물러섰는데, 그 순간 현지는 슬비의 얼굴에서 **미세하지**만 당황한 기색을 발견했다. 평소에 반 아이들을 **미천한** 노예처럼 취급하며 짓던 표정과는 사뭇 다른 표정이었다.

• 어휘사용설명서

묵인하다   작은 잘못을 묵인하면 더 큰 잘못을 저지른다.

               묵인해 주는 태도가 문제 해결을 방해한다.

문헌   그들의 문헌에서 우리에 관한 기록은 전혀 없었다.

               고대 문헌에서 놀라운 비밀을 발견했다.

물색	천천히 걸으면서 적당한 해결책을 물색하였다.
	적당한 인물을 물색 중이던 유비는 제갈공명을 만나자 너무 반가웠다.
미약하다	출발은 미약하지만 그 끝은 위대하리라.
	미약한 힘이지만 저도 돕고 싶습니다.
미물	아무리 미물이라 해도 생명을 보존하려는 욕구는 강력하다.
	벌을 미물로 취급하지만 세상에서 제일 중요한 종이에요.
미세하다	원본과 미세하게 다른 점을 발견했다.
	미세한 세포를 관찰하려면 성능 좋은 현미경이 필요하다.
미천하다	근본이 워낙 미천하여 도덕을 전혀 모릅니다.
	미천한 놈이 주인마님의 심기를 감히 불편하게 했습니다.

漢字音 어휘사전

- **묵인하다**默認~　　잘못이나 실수를 모르는 척 덮어두다.
- **문헌**文獻　　　　옛날 책이나 기록. 또는 연구나 공부를 하려고 살피는 책.
- **물색**物色-　　　 알맞은 사람이나 물건 등을 찾음.
- **미약하다**微弱~　아주 작고 보잘것없이 약하다.
- **미물**微物　　　 인간에 견줘 보잘것없는 생명.
- **미세하다**微細~　구분하기 어려울 정도로 아주 작다. 아주 작고 가늘다.
- **미천하다**微賤~　신분이나 지위 따위가 하찮고 천하다.

[어휘게임 8]

미혹, 미화, 민생, 민의, 민활, 밀매, 밀착

현지는 자리에 돌아온 뒤에도 코끝에 남은 커피 향에 **미혹**되어 있었다. 온 몸을 휘감는 커피 향은 그 어떤 말로 **미화해**도 충분하지 않을 만큼 황홀했다. 이 커피를 직접 마시기 위해서라면 훌륭한 임금도 **민생**을 도외시하고, 좋은 대통령도 **민의**를 저버릴 만한 수준이었다. 미혹에서 벗어난 현지는 머리를 **민활**하게 움직였다. '분명 그 커피 향과 슬비의 지각이 관련이 있어. 이런 향을 내는 커피는 처음이야. 혹시 **밀매**된 커피일지도 몰라.' 현지는 이제부터 슬비를 **밀착**해서 감시해야겠다고 결심했다. 슬비의 약점도 잡고, 더불어 황홀한 커피를 마실 수 있는 기회가 생길지도 모르기 때문이다.

어휘사용설명서

미혹   돈에 미혹하여 나쁜 짓을 저지르고 말았다.

            게임이 청소년의 정신을 미혹하고 있다.

미화하다   현실이 불만이면 과거를 미화해서 추억하기 마련이다.

            일제 식민지 지배를 미화하다니 제정신이냐?

민생   민생을 살피지 않는 지도자는 지도자 자격이 없다.

            국회에서 민생을 살리는 법안이 잠자고 있다.

민의 민의를 모으는 데 힘을 쏟았다.

    민주주의는 민의를 가장 소중히 여기는 정치제도다.

민활하다 막내는 경솔했지만 누구보다 민활하게 움직였다.

    메시는 민활한 동작으로 수비수를 속이고 슛을 때렸다.

밀매 마약 밀매 조직을 적발했다.

    북한에서는 자본주의 물건을 밀매하는 시장이 성행한다.

밀착 책을 펼치기 어려울 정도로 밀착된 공간이었다.

    권력과 자본이 밀착하여 부정부패를 저질렀다.

漢字音 어휘사전

- **미혹**迷惑 무엇에 홀려 정신을 차리지 못함.
- **미화하다**美化~ 아름답게 꾸미다.
- **민생**民生 일반 백성들의 살림살이.
- **민의**民意 백성의 뜻.
- **민활하다**敏活~ 움직임이 재빠르고 활발하다.
- **밀매**密買/密賣 법으로 거래를 금지한 물건을 사거나 파는 행위.
- **밀착**密着 빈틈없이 단단히 붙음.

[어휘게임 1]

박차, 박해, 반목, 반증, 반향, 발군, 방계

현지는 슬비를 미행했다. 슬비는 뭐가 그리 바쁜지 주위는 살피지도 않고 발걸음에 **박차**를 가했다. 그러더니 어느 순간 발걸음이 느려지더니 마치 **박해**를 피해 숨는 기독교인처럼 불안하게 주위를 살폈다. 같은 패거리의 몇몇에게 쓸데없이 슬비와 **반목**해서 골치 아프게 됐다고 구박 아닌 구박을 당하기도 했던, 현지는 속으로 쾌재를 불렀다. 불안한 듯 주위를 살피는 슬비의 행동은 분명히 무언가 있다는 **반증**이었다. 불안에 떠는 북극의 망명객을 동영상으로 찍어서 친구들에게 보여준다면 큰 **반향**을 일으킬 게 분명했다. 현지는 이번 일에서 자신이 **발군**의 성과를 거두고 싶었다. 만약 그리 되기만 한다면 선생님들도 건드리지 못하는 북극의 망명객을 무너뜨렸다는 성과를 등에 업고, 패거리의 **방계**에서 핵심으로 자리 잡게 될 것이다.

어휘사용설명서

박차   다시 연습에 박차를 가했다.

박차를 가해서 될 일이 있고 안 될 일이 있다.

박해   조선시대 선교사들은 온갖 박해를 당했다.

박해받는 조선 백성의 한을 아는가?

반목	형제끼리 반목하니 부모님이 매우 걱정하셨다.
	더 이상 남과 북이 반목하지 말아야 합니다.
반증	강한 부정은 강한 긍정을 반증한다.
	내 반증에도 상대는 자기주장을 굽히지 않았다.
반향	이번에도 부정적인 반향이 돌아올 줄 몰랐다.
	새 노래는 거대한 반향을 얻었다.
발군	수백 명의 참가자 중에 발군의 실력이었다.
	우승팀의 실력은 단연 발군이었다.
방계	국제 조직을 만든 뒤 방계 조직을 여러 개 두었다.
	주류 학문이 아니라 방계 학문에 관심을 두었다.

漢字音 어휘사전

- **박차**拍車　어떤 일을 더 빨리 하려고 보태는 힘.
- **박해**迫害　다른 사람을 못살게 굴거나 해롭게 함.
- **반목**反目　서로 싫어하고 미워함.
- **반증**反證　반대되는 근거를 들어 어떤 사실이나 주장이 옳지 않음을 증명함.
- **반향**反響　어떤 일에 영향을 받아서 생기는 반응.
- **발군**拔群　여럿 가운데 가장 두드러지게 뛰어남.
- **방계**傍系　중심 계통에서 갈라져 나오거나, 벗어나서 관련을 맺는 계통.

[어휘게임 2]

방기, 방비, 방조, 배격, 배당, 배열, 배필

　　'슬비가 저렇게 오만방자하게 된 건 선생님들이 **방기한** 탓이 커' 현지는 들키지 않게 철저히 **방비**하며 계속 뒤를 따르며 생각했다. '**방조**는 잘못이라고 늘 강조하면서 선생님들은 슬비의 잘못은 왜 그냥 방조하는지 몰라. 아무리 학생들이 문제를 제기해도 모조리 **배격하기만** 하고…….' 이해할 수 없는 선생님들의 태도 때문에 선생님들이 부자인 슬비네 집에서 일정한 돈을 **배당**받는다는 소문도 돌았지만, 밝혀진 적은 없었다. 골목을 몇 개 돌자 규칙적으로 **배열**해 놓은 돌들이 보였다. 돌들은 나무 하나와 **배필**을 맺은 듯 짝을 지어 놓여 있었다.

어휘사용설명서

방기하다　　화학비료가 땅을 망치도록 방기하였다.

　　　　　　　책임을 방기한 잘못을 뉘우쳤다.

방비　　　　이 정도로 방비하는데 뚫고 오는 놈들이 대단하다.

　　　　　　　적이 언제 쳐들어올지 모르는데 방비를 너무 소홀히 했다.

방조　　　　사건을 방조한 죄도 매우 크다.

　　　　　　　자살을 알고도 막지 않은 사람은 자살방조죄로 처벌받는다.

배격하다	서양문물은 배격하고 우리 문물을 지켜야 합니다.
	다양한 의견을 배격하는 사회는 전체주의로 빠진다.
배당	몇 사람씩 배당을 받아 직접 면담을 진행했다.
	배당 금액이 너무 적다고 불만이 많았다.
배열	어떻게 배열하느냐에 따라 전혀 다른 소리가 난다.
	절묘한 배열로 조화로운 균형을 일구어냈다.
배필	하늘이 정해 준 배필처럼 어울리는 한 쌍이었다.
	견우와 직녀, 이몽룡과 성춘향은 천생배필이었다.

漢字音 어휘사전

- **방기하다**放棄~　내버려 두고 돌보거나 살피지 아니하다.
- **방비**防備　적의 침입이나 피해를 막기 위하여 미리 지키고 대비함.
- **방조**幇助　나쁜 짓을 하게 내버려 둠.
- **배격하다**排擊~　남의 생각, 의견, 물건 따위를 물리치다.
- **배당**配當　일정한 기준에 따라 나누어 줌.
- **배열**配列　일정한 차례나 간격에 따라 벌여 놓음.
- **배필**配匹　부부로 맺은 짝.

[어휘게임 3]

배회, 백지장, 백화, 번민, 번창, 범강장달, 범람

두리번거리며 목표를 향해 걷던 슬비가 제자리에서 맴돌았다. 언뜻 보기에 무언가 고민에 빠져 거리를 **배회하는** 청소년처럼 보였다. 현지는 조심스럽게 슬비에게 다가섰다. 그때 슬비가 무언가 결심을 한 듯 성큼성큼 현지 쪽으로 걸어왔고, **백지장**처럼 하얀 슬비의 두 눈이 현지를 향했다. 도망칠까 당당히 맞설까 현지가 망설이는 사이에 슬비의 차가운 웃음이 현지를 오싹하게 했다. 난데없이 거리에서 **백화**가 피어났다. 주위를 뒤덮은 백화로 인해 세상 모든 **번민**이 씻겨나가는 기분이 들었다. 조금 전까지 낡아보이던 가게들은 **번창한** 빌딩으로 뒤바뀌었고, 길거리에는 **범강장달**이 같은 남자들이 수없이 오고갔다. 꽃과 남자들이 **범람**하는 사이로 슬비가 느릿느릿 현지에게 다가왔다.

어휘사용설명서

배회하다 크리스마스 이브에는 길거리를 배회하는 청소년이 많다.
바닷가를 배회하며 어지러운 마음을 달랬다.

백지장 백지장같이 새하얀 얼굴이 발갛게 물들었습니다.
백지장도 맞들면 낫다.

백화	포근한 봄이 오자 백화가 만발했다.
	백화가 가득한 정원이 발걸음을 붙잡았다.
번민	세상 모든 번민은 모조리 내 가슴에 쌓아둔 듯했다.
	지나치게 번민하다 보니 원형탈모가 생겼다.
번창하다	가게가 번창해서 큰 돈을 벌었다.
	번창하라고 빌어주진 못할망정 그 따위 망발을 하다니.
범강장달	범강장달이 같은 아들을 넷이나 낳았다.
	두 눈을 부릅뜨니 마치 범강장달이 같았다.
범람	17세기 파리에는 거리에 분뇨가 범람했다.
	범람하는 음란물이 청소년의 정신 건강을 위협한다.

漢字音 어휘사전

- **배회하다**徘徊~   하는 일 없이 이곳저곳을 돌아다니다.
- **백지장**白紙張   하얀 종이의 낱장. 핏기가 없이 창백한 얼굴빛을 비유함.
- **백화**百花   온갖 꽃.
- **번민**煩悶   마음이 번거롭고 답답하여 괴로워함.
- **번창하다**繁昌~   사업이나 모임이 발전하다.
- **범강장달**范彊張達   『삼국지』에서 장비를 죽인 두 사람. 키 크고 우락부락 한 남자를 가리키는 말.
- **범람**汎濫   큰물이 흘러넘침. 바람직하지 못한 것들이 마구 쏟아져 돌아다님.

[**어휘게임 4**]

범법, 범부, 범상, 법석, 벽촌, 변모, 변조

현지는 **범법**이라도 저지른 사람처럼 사색이 되어 도망치려고 했으나 불가능했다. 길거리에 넘쳐나던 남자들이 도망갈 길을 막았기 때문이다. 그들은 **범부**가 아니었기에 어떻게 해볼 도리가 없었다. 슬비는 귀신처럼 한 걸음 한걸음 다가왔다. 원래 냉랭했던 슬비 얼굴은 더욱더 **범상한** 분위기가 아니었다. 슬비 손이 현지 목을 겨누고 날아오는 순간 **법석**을 떨며 한 떼의 여학생들이 지나갔다. 슬비가 잠시 멈칫했다. 그러나 여학생들은 슬비와 현지는 보지도 않고 지나쳐 갔다. 여학생들이 지나가자 주위 풍경이 도회지에서 **벽촌**으로 **변모**하는 듯했다. 동시에 멈춰 있던 슬비 손이 다시 현지 목으로 다가들었다. "죽고 싶은가 보네." 슬비 목소리가 아니었다. 음성 **변조**를 한 듯한 살벌한 목소리였다. 슬비는 현지 목을 움켜쥐었고, 현지는 부들부들 떨었다.

어휘사용설명서

범법 범법을 했다고 모두 범법자가 되는 건 아니다.

남몰래 범법 행위를 하다가 들켰다.

범부 범부인 사람들도 애국심을 지닌 사람이 되게 하자.

소인은 범부지만 독립을 향한 의지만은 누구 못지않소.

범상하다   재주가 범상하지 않다.

             범상한 인물이 아니라고 여겨 중대한 책임을 맡겼다.

법석   장애인의 날이면 행사를 하며 법석을 떤다.

             할머니가 오신다는 말에 엄마는 청소를 하느라 법석댔다.

벽촌   귀농을 한다며 벽촌으로 이사를 했다.

             서울에도 이런 벽촌이 있다니 믿을 수가 없다.

변모   우리 식구 모두는 아버지의 변모를 하나같이 환영했다.

             이민을 가더니 다른 사람으로 변모했다.

변조   목소리를 변조해서 누군지 알아듣기 어려웠다.

             셜록은 목소리 변조에 천재적인 재능을 보였다.

漢字音 어휘사전

- **범법**犯法   법을 어김.
- **범부**凡夫   평범한 사내.
- **범상하다**凡常~   뛰어나거나 색다른 점이 없다.
- **법석**法席   소란스럽게 떠드는 모양.
- **벽촌**僻村   외딴 마을.
- **변모**變貌   모양이나 모습이 달라지거나 바뀜.
- **변조**變調   상태를 바꿈.

[어휘게임 5]

변고, 변통, 별세, 별실, 병약, 병석, 복역

현지는 머릿속이 하얘졌다. 이대로 **변고**를 당하는 게 아닐까 하는 두려움에 부들부들 떨었다. 그러나 이대로 죽을 순 없다. 임시**변통**으로라도 눈앞에 닥친 위기에서 벗어나야 했다. 할머니가 **별세**하실 때 죽음이 얼마나 괴롭고 고통스러운지 지켜보았기에 현지는 두려움이 일었다. 살길을 찾기 위해 버둥대는 순간 슬비가 주위에 있는 사내들에게 말했다. "**별실**에 가둬. 얘는 **병약하지** 않으니 수십 년 가둬 놓는다고 **병석**에 눕지는 않을거야." 슬비가 손에서 힘을 뺐다. 숨이 돌아왔다. "한 20년만 고생해." "이, 이, 이……십년?" 현지는 부들부들 떨었다. "지금까지 너희 패거리들이 애들을 괴롭히는 죄를 대표해서 네가 20년 동안 **복역**한다 생각하면 될 거야." 슬비가 설마 웃었는데 화를 낼 때보다 훨씬 섬뜩했다.

어휘사용설명서

변고 산에 갔다가 변고를 당하다.

갑자기 변고가 생기다니 어찌된 일이냐?

변통 이리저리 돈을 변통하여 방 세 칸짜리 집으로 이사했다.

임시변통으로 넘어가면 나중에 더 큰 문제가 생긴다.

별세	너희 외조모가 별세하셨다는 소식이 왔다.
	할아버지가 별세하시고 바로 얼마 뒤에 할머니도 돌아가셨다.
별실	다락은 조그마한 별실 형태였다.
	별실에서 기다리니 따라오시지요.
병약하다	언뜻 보면 늙고 병약한 개체들을 버리는 듯 보인다.
	병약해 보였지만 의외로 강했다.
병석	어머니가 5년째 병석에 누워계십니다.
	효자도 오랜 병석에는 버티지 못한다.
복역	앞으로 3개월만 복역하면 드디어 자유다.
	넬슨만델라는 27년을 감옥에서 복역하였다.

漢字音 어휘사전

- **변고**變故   갑자기 생기는 나쁜 일.
- **변통**變通   그때그때 융통성 있게 처리함. 돈이나 물건 따위를 빌림.
- **별세**別世   윗사람이 세상을 떠남.
- **별실**別室   따로 마련한 방.
- **병약하다**病弱~   병으로 인하여 몸이 쇠약하다.
- **병석**病席   아픈 사람이 누운 자리.
- **복역**服役   징역을 삶.

[어휘게임 6]

본위, 봉직, 부각, 부득불, 부산물, 부심, 부역

　"사, 사, 살려줘." "난 널 죽이지 않아." "내가, 내가 너무 내 **본위**로만 생각하고 행동했어. 미안해. 살려줘." "힘겹게 얻은 귀한 시간이야. 너랑 대화하느라 낭비할 시간 따윈 없어." 슬비는 냉정했다. "살려주지 그러냐." 중년 여인의 따스한 목소리였다. "내가 오래 이 일에 **봉직**해 왔지만 너처럼 냉정한 애는 처음 보는구나." 슬비의 냉정한 목소리와 대비되어 여인의 따스함이 무척이나 **부각**되었다. "하지만 그냥 보내기엔 비밀을 너무 많이 압니다." "**부득불** 처리하겠다면 너도 대가를 치를 준비는 되어 있겠지? 네가 아무리 많은 시간을 벌었어도 이 힘을 쓰면 여러 가지 안 좋은 **부산물**이 생기기 마련이야. 알지?" 슬비는 대꾸할 말을 찾으려 **부심했지만** 마땅한 논리를 찾지 못했다. "내 명령을 안 따르겠다는 거냐?" 슬비는 황급히 무릎을 꿇었다. 그 순간, 살기 위해 적에게 **부역**하는 비굴하고 나약한 여학생에 지나지 않았다.

어휘사용설명서

본위　부부가 너무 자기 본위면 다툼이 생긴다.

　　　자기 문화를 본위로 하면 상대 문화를 무시하는 경향이 생긴다.

봉직	오래 봉직해 온 대학에서 명예박사 학위를 드리겠다고 했다.
	40년을 말단 공무원으로 봉직하고 정년퇴임했다.
부각	젓가락은 손가락의 기능을 집중적으로 부각시켜 만든 물건이다.
	원자력 발전소 안전 문제를 부각하려는 시도가 성공했다.
부득불	부득불 새벽차를 타야 한다고 하면서 결국 떠나셨다.
	모두 싫었지만 부득불 한 사람을 선택해야만 했다.
부산물	연료 전지를 쓰면 부산물로 물이 나온다.
	쓰레기는 대량 소비의 부산물이었다.
부심하다	입시에 실패하자 부모님이 크게 부심하고 계시다.
	아무리 혼자 부심해 봤자 해결책은 보이지 않았다.
부역	일제 치하에서 행한 부역을 기록으로 남겼다.
	6·25 전쟁 때 적에게 부역했다며 무자비하게 살해한 경우가 많았다.

漢字音 어휘사전

- **본위**本位 판단이나 행동에서 중심이 되는 기준.
- **봉직**奉職 공직에서 일을 함.
- **부각**浮刻 두드러지게 나타남.
- **부득불**不得不 하지 아니할 수 없어. 마음이 내키지 아니하나 마지못하여.
- **부산물**副産物 주된 생산물의 생산 과정에서 더불어 생기는 물건. 어떤 일을 할 때에 부수적으로 생기는 일이나 현상.
- **부심하다**腐心~ 근심과 걱정 따위로 속이 많이 상하다.
- **부역**附逆 적을 도움.

[어휘게임 7]

부임, 부재, 부조리, 부지, 부차적, 북망산, 분가

"좋은 태도야. 넌 능력이 있어. 조금만 더 시간을 쌓으면 우리들 중 일부가 되어 새로운 곳으로 **부임**할 기회를 얻을지도 몰라." 여인은 더욱 부드럽게 말했다. "내가 **부재**중일 땐 가끔 내 일을 봐줘도 좋고." 현지는 눈앞에서 벌어지는 일들이 이해가 되지 않았지만, 뭔가 **부조리**한 일임은 분명하다는 생각이 들었다. 그러나 일단은 목숨을 **부지하니** 다행이라는 생각만 하기로 했다. 일단 살아야 하고, 이 상황을 이해하는 것은 **부차적**이었다. 작년에 **북망산**으로 가신 할머니의 영혼이 자신을 도운 듯해서 할머니께 감사 기도도 드렸다. "저는 밑에서 더 많이 배운 뒤에 **분가**하고 싶습니다." 슬비에게 저런 부드러움이 숨겨 있었나 싶을 정도로 따뜻한 말투였다.

어휘사용설명서

부임   이 학교는 선생님이 처음으로 부임한 곳이다.

        부임하자마자 개혁의 칼을 꺼내들었다.

부재   그녀의 부재는 일상 곳곳에서 묻어났다.

        부재 중 투표를 장려해야 합니다.

부조리	진실한 언론은 부조리를 개혁하기 위해 노력해야 한다.
	까뮈는 부조리를 주제로 많은 글을 썼다.
부지하다	생명을 부지하기 힘든 세상입니다.
	목숨을 부지하기 위해 발악을 했다.
부차적	공부는 인생에서 부차적인 문제다.
	부차적인 문제라도 소홀히 하면 안 된다.
북망산	할매는 저기 북망산으로 이제 곧 갈 거다.
	우리는 모두 날마다 북망산을 옆에 두고 산다.
분가	고모님은 마을에 따로 집을 지어 분가했다.
	요즘에는 아이 때문에 결혼해도 분가하지 않으려 한다.

漢字音 어휘사전

- **부임**赴任　　어떤 일을 맡아서 근무할 곳으로 감.
- **부재**不在　　그곳에 있지 아니함.
- **부조리**不條理　이치에 맞지 않거나 도리에 어긋나는 일.
- **부지하다**扶支~　아주 어렵게 보존하거나 지탱해 나가다.
- **부차적**副次的　주된 것이 아니라 덧붙여 딸린.
- **북망산**北邙山　무덤이 많은 곳이나 사람이 죽어서 묻히는 곳을 이르는 말.
- **분가**分家　　가족의 한 구성원이 주로 결혼 따위로 살림을 차려 따로 나감.

[어휘게임 8]

분개, 분별, 분연, 분주, 분출, 분화, 불시

"저, 저에게도 이런 능력을 얻을 기회를…… 주시면 안 되나요?" 현지는 무슨 배짱인지 모르지만 냉큼 이렇게 말했다. 그때였다. "뭐라고? 기껏 구해줬더니 감히…!" 지금까지 부드러웠던 여인은 몹시 **분개**하며 부들부들 떨었다. 현지는 자신의 말이 왜 여인을 화나게 했는지는 모르지만, 자신이 **분별**없이 말을 꺼냈다는 걸 깨닫고 얼른 무릎을 꿇고 잘못을 빌었다. "슬비 넌 뭐하냐? 내가 이렇게 분개하는데 **분연**히 일어나 처리해야지." 현지는 부들부들 떨었고 슬비는 차가운 미소를 지으며 꿇었던 무릎을 폈다. 주위의 사내들이 갑자기 **분주**히 움직였다. 화산이 터지듯 붉은 꽃이 사방에서 **분출**했다. 그 꽃들은 일곱 갈래로 **분화**하며 하늘을 가득 채우더니 **불시**에 현지를 향해 날아들었다.

어휘사용설명서

분개하다 내 말에 엄마는 왜 그렇게 분개하셨을까?

 툭하면 분개하다 보니 혈압이 상승하는 것이다.

분별 분별없이 내뱉는 말에 누군가는 큰 상처를 받는다.

 선과 악을 분별할 줄 아는 능력이 현저히 떨어졌다.

분연히	장남인 내가 앞장서 분연히 길을 나섰다.
	불의에 항거해 분연히 들고 일어나자!
분주하다	너무 분주해서 다른 일에 신경 쓸 겨를이 없어.
	일상의 분주함이 지나쳐 인간관계를 모두 잃어버렸다.
분출하다	넘쳐 오르는 상상력을 분출할 길이 없었다.
	민주주의를 향한 열망이 분출해서 6·10 민주항쟁이 일어
	났다.
분화하다	컴퓨터는 다양한 방향으로 분화해 발전했다.
	산업화로 인해 직업이 다양하게 분화했다.
불시	땅을 내려 보다가 불시에 도끼를 휘둘렀다.
	불시에 가방 검사를 했다.

漢字音 어휘사전

- **분개하다**憤慨~ 몹시 분하게 여기다.
- **분별**分別 옳고 그름, 같고 다름을 가림. 바르게 행동하거나 생각하
  는 태도.
- **분연히**奮然- 떨쳐 일어서는 기운이 세차고 꼿꼿함.
- **분주하다**奔走~ 이리저리 바쁘고 정신이 없이 움직이다.
- **분출하다**噴出~ 요구나 욕구 따위가 한꺼번에 터져 나오다.
- **분화하다**分化~ 여러 갈래로 나뉘다.
- **불시**不時 뜻하지 않은 때.

[어휘게임 9]

불경, 불청객, 불협화음, 불혹, 비경, 비단, 비애

"제가 도대체 무얼 잘못했기에." 현지가 다급하게 외쳤다. "능력 없는 자가 욕심내는 것은 **불경한** 짓이야. 더구나 **불청객**으로 이곳에 왔으면 살아가는 것만으로 감사해야 하거늘." 붉은 꽃잎이 현지를 휘감으며 아름다운 음악 소리를 냈다. 현지의 비명 소리가 **불협화음**을 만들어내지 않았다면 음악과 꽃잎이 어우러진 환상적인 분위기였을 것이다. 꽃잎 사이로 **불혹**의 나이로 보이는 여인이 나타났다. 여인 뒤에는 세상에서 볼 수 없는 아름다운 **비경**이 펼쳐졌다. "너의 잘못은 **비단** 지나친 욕심만이 아니야. 친구의 **비애**를 이용해 너희 패거리의 이득을 보겠다는 잔인함이야말로 진짜 큰 잘못이지."

어휘사용설명서

불경하다   어른이 오셨는데 누워서 TV만 보는 행동은 불경한 짓이야.
          나는 과거에 불경한 짓만 하는 망나니였다.

불청객   그들이 나를 불청객으로 여긴다고 생각했다.
          불청객이 찾아와도 반갑게 맞아줄 만큼 인심이 좋았다.

불협화음   처음에는 불협화음이었으나 곧 아름다운 화음으로 바뀌었다.
          갈등으로 인한 불협화음이 극에 달했다.

불혹   불혹의 나이가 되니 세상이 달라 보인다.

  내게 불혹은 영원히 오지 않을 줄 알았다.

비경   뒷동산에 이런 비경이 숨어 있을 줄이야!

  금강산은 세계에서 가장 뛰어난 비경을 자랑한다.

비단   새 아파트를 좋아한 것은 비단 어머니만이 아니었다.

  비단 외로움만이 아니라 가난도 괴로움의 원천이었다.

비애   집값에 따라 거처를 정해야 하는 비애를 아는가?

  자식을 잃은 비애는 그 어떤 슬픔보다 크다.

漢字音 어휘사전

- **불경하다**不敬~   몹시 예의가 없다.
- **불청객**不請客   오라고 청하지 않았는데도 스스로 찾아온 손님.
- **불협화음**不協和音   잘 어울리지 않는 음. 집단 내 구성원끼리 원만하지 않은 사이를 비유하는 표현.
- **불혹**不惑   마흔 살을 달리 이르는 말.
- **비경**秘境   경치가 빼어나게 아름다운 곳.
- **비단**非但   부정하는 말 앞에 '오직', '다만'의 뜻으로 쓰는 말.
- **비애**悲哀   슬퍼하고 서러워함.

비정, 비축, 비통, 비하, 비호, 빈소, 빙자

현지가 용서해달라고 애원했지만 여인은 **비정하게** 현지의 요구를 거절했다. "입 닥쳐라!" 그 대신 슬비에게는 따스하게 가르침을 내렸다. "이런 일을 대비해서 평소에 시간을 많이 **비축해** 두어야 한단다." 현지의 **비통한** 외침이 공기를 갈랐다. 현지는 살려달라고 외치면서도 왜 그 순간에 쓸 데 없는 말을 꺼냈는지 자책하며 자신을 **비하**했다. 그러나 이제와 후회해 봐야 아무런 소용이 없었다. 이곳에서는 자기 잘못을 **비호해** 줄 패거리도, 보호해 줄 부모님도 없었다. "**빈소**를 차릴 필요도 없으니 얼마나 다행이야." 슬비의 비웃음이 절망에 빠진 현지를 더욱 두렵게 했다. "나를 **빙자하여** 너희 패거리들이 나쁜 짓을 꾸민 대가야. 왜 아무도 날 안 건드리는지 알고 행동했어야지." 그 말과 함께 붉은 꽃잎이 사라졌고, 동시에 현지도 사라져 버렸다.

어휘사용설명서

비정하다 경쟁에서 지면 다 잃는 비정한 세계가 싫다.

의붓자식을 학대한 비정한 계모가 구속되었다.

비축하다 한 번씩 교대하며 힘을 비축하였다.

비축한 군량미를 빈민을 구제하는 데 풀었다.

비통하다	주인의 웃음에 어딘지 모르게 비통한 느낌이 들었다.
	비통한 울음이 장례식장을 가득 채웠다.
비하	그 아이는 항상 자신을 비하하는 것 같더라.
	외모를 너무 비하하지 말고 예쁜 면을 찾아 봐.
비호하다	부정부패를 저지른 관료를 비호하는 권력자는 누구인가?
	내 잘못을 굳이 비호할 필요는 없어.
빈소	많은 사람들이 빈소에 모여 고인을 추모했다.
	옛날에는 고인이 살던 집에 빈소를 마련했다.
빙자하다	택배를 빙자하여 빈집을 노렸다.
	고3임을 빙자하여 온갖 요구를 다했다.

漢字音 어휘사전

- **비정하다**非情~ 　따뜻한 정이나 인간미가 없다.
- **비축하다**備蓄~ 　만약의 경우를 대비하여 필요한 것을 미리 모아두다.
- **비통하다**悲痛~ 　몹시 슬퍼서 마음이 아프다.
- **비하**卑下 　자기 자신을 낮춤. 업신여겨 낮춤.
- **비호하다**庇護~ 　잘못을 저지른 사람을 감싸고 보호하다.
- **빈소**殯所 　상여가 나갈 때까지 관을 놓아두는 방.
- **빙자하다**憑藉~ 　나쁜 짓을 하기 위한 구실을 삼다.

[어휘게임 1]

사면, 사유, 사주, 사지, 사직, 사표, 산고

실수에 따른 처벌을 **사면**받았을 뿐 아니라 장래까지 약속받은 슬비는 가벼운 마음으로 집으로 돌아왔다. 집사가 슬비를 맞이하며 늦은 **사유**를 물었다. 슬비는 그런 것까지 보고해야 하냐며 신경질을 냈지만 집사는 눈도 깜짝 하지 않았다. 하긴 위에서 이러라고 **사주**한 할아버지, 아니 회장님이 문제지 집사에게 따질 일은 아니었다. **사지**에 던져진 먹이를 노리듯 집사는 집요하게 캐물었다. 슬비는 옛날 집사가 그리웠다. 그나마 자신을 이해해 주던 집사가 **사직**한 뒤로 더욱 외로워졌다. 새로 온 집사는 눈곱만큼도 빈틈을 허용하지 않았다. 회장님의 부하는 이래야 한다는 **사표**가 되겠다고 결심한 사람처럼, 오직 회장님 지시대로만 움직였다. 집사에게 이렇게 집중적으로 심문을 받는 것이 마치 **산고**를 겪는 것처럼 힘겨웠다.

어휘사용설명서

사면   설날을 맞아 죄수들에 대한 사면을 추진했다.

제 죄를 사면해 주셔서 감사합니다.

사유   지각한 사유가 설득력이 없었다.

이러저러한 사유를 대지만 전부 핑계다.

사주   범죄를 사주한 고위 관료는 결국 처벌하지 못했다.

일제 고등경찰의 사주를 받고 범행을 저질렀다.

사지   만수는 사지로 끌려갔다.

사지에서 벗어나기 위해 죽어라 애썼다.

사직   회사에서 사직을 권고하였다.

함부로 사직하면 나중에 후회할거야.

사표   안중근 의사는 민족정신의 사표로 삼아야 한다.

신사임당이 과연 우리 여성들의 사표일까?

산고   힘겨운 산고를 겪으면 기쁨의 생명이 찾아온다.

엄마는 25시간의 산고 끝에 나를 낳았다.

漢字音 어휘사전

- **사면**赦免   죄를 용서하여 처벌을 면하게 해줌.
- **사유**事由   일이 벌어진 까닭.
- **사주**使嗾   나쁜 일을 하게 남을 부추김.
- **사지**死地   죽을 곳.
- **사직**辭職   맡은 일을 그만두고 물러남.
- **사표**師表   본보기. 본받을 만큼 훌륭한 사람이나 일.
- **산고**産苦   아이를 낳을 때에 느끼는 고통.

[어휘게임 2]

산재, 산파, 삼라만상, 상기, 상례, 상념, 상반

집사의 심문을 겨우 통과하고 방문을 열었다. 이곳저곳 지저분하게 **산재해** 있던 물건들은 자기 자리로 돌아가 있었다. 슬비가 몇 번이나 자기 방을 건드리지 말라고 신경질을 냈건만 집사는 회장님 지시라며 방을 깨끗하게 치웠다. 회장님의 집요한 간섭이 비참한 자신을 낳은 **산파**라고 생각하자 치가 떨렸다. 슬비는 침대에 털썩 누웠다. 현지를 핑계로 **삼라만상**을 조정하는 힘을 처음으로 사용했던 장면을 **상기했다**. 이런 힘을 쓰는 것이 **상례**는 아니었기에 혹시 나중에 무슨 일이 생길까 봐 걱정이 되어 별의별 **상념**이 다 들었다. 걱정과 통쾌라는 **상반된** 감정이 뒤엉켜 요동을 쳤다.

어휘사용설명서

산재하다 검게 탄 자국이 무수히 산재해 있었다.

산재한 증거를 모아 전체 윤곽을 잡아냈다.

산파 축사에 전등을 걸고 산파 노릇으로 밤을 지새웠다.

그분들의 희생이 민주화를 이루는 산파가 되었다.

삼라만상 삼라만상은 끝없이 변한다.

인간도 삼라만상의 한 부분일 뿐이다.

상기하다 과거를 상기할수록 미움이 커졌다.

전쟁의 상처를 상기하며 고통에 치를 떨었다.

상례 닥치는 대로 찔러보는 게 상례였다.

상례는 아니지만 저학년이 회장을 해도 나쁘지 않아.

상념 가을이 오자 상념에 젖은 채 가로수 길을 걸었다.

상념에 빠졌을 땐 한 가지 일에 몰두하면 좋아.

상반되다 두 견해는 상반되는 듯하지만 본질은 같았다.

학생들은 상반된 의견을 내놓고 토론을 벌였다.

漢字音 어휘사전

- **산재하다**散在~ 여기저기 흩어져 있다.
- **산파**産婆 출산을 전문적으로 돕는 여자. 어떤 일을 실현하도록 힘써 주는 사람을 비유하는 말.
- **삼라만상**森羅萬象 온갖 사물과 현상.
- **상기하다**想起~ 지난 일을 돌이켜 생각하여 내다.
- **상례**常例 보통 있는 일.
- **상념**想念 마음속에 떠오르는 여러 가지 생각.
- **상반되다**相反~ 서로 반대되거나 어긋나게 되다.

[어휘게임 3]

상쇄, 상심, 상통, 상투적, 상혼, 생육, 서광

집사가 다시 왔다. 과외 때문이었다. 슬비는 '왜 방을 치웠냐?'고 집사에게 일부러 화를 냈다. 그래봐야 소용없겠지만 일부러 트집을 잡아 자신이 지각한 잘못과 **상쇄하려**는 의도였다. "수학 수업이 30분 늦었습니다. 자꾸 이러시면 회장님이 크게 **상심**하십니다." 집사는 슬비가 뭐라고 해도 자기 할 말만 했다. 집사는 슬비와 **상통하는** 면이 하나도 없었다. **상투적**인 말로라도 슬비를 위로하거나, 슬비 편을 드는 경우가 전혀 없었다. 집사는 가혹한 **상혼**으로 무장해 이윤만 좇는 할아버지의 지시만 수행했다. 온실에서 식물을 **생육하듯이** 자신을 가둬두고 맞춤형 인간으로 기르려는 할아버지가 너무 싫었지만, 거역할 힘이 슬비에게는 없었다. 절망만 가득했던 시간들 사이로 '그곳'이 한줄기 **서광**이 되어 찾아왔기에 슬비는 '그곳'에 빠져들었고, 지금은 '그곳'이 없으면 살 힘도 없었다.

어휘사용설명서

상쇄하다   산이 있다면 온갖 슬픔을 상쇄하고도 남는다.
　　　　　　　값비싼 선물을 주고 잘못을 상쇄하려고 했다.

상심	나는 왜 그가 상심해 하는지 알고 있다.
	급작스럽게 돌아가시니 얼마나 상심이 크십니까?
상통하다	친한 친구끼리는 눈빛만 봐도 상통한다.
	선입견과 달리 자유와 평등은 상통하는 영역이 존재한다.
상투적	거짓말 않겠다는 상투적인 반성문은 이제 그만!
	위로하는 말이 상투적이긴 했지만 그래도 힘을 받았다.
상혼	이윤 추구를 앞세운 상혼 앞에서 닭들은 그저 상품일 뿐이다.
	상혼만을 추구하며 살다가 스크루지처럼 될까 걱정이다.
생육하다	모든 나무들의 뿌리를 생육하고 있는 것이 땅이다.
	자식을 생육하는 책임이 부모에게 있다.
서광	새해 첫 서광이 창문을 파고들었다.
	5년을 노력한 뒤에야 성공의 서광이 찾아들었다.

漢字音 어휘사전

- **상쇄하다**相殺~ 맞서는 것들끼리 영향을 주고받아 효과가 없어지게 하다.
- **상심**傷心 슬픔이나 걱정 따위로 속을 썩임.
- **상통하다**相通~ 마음과 뜻이 통하다. 비슷한 점이 있다.
- **상투적**常套的 늘 써서 버릇이 되다시피 한 것.
- **상혼**商魂 더 많은 이익을 얻으려는 상인의 마음.
- **생육하다**生育~ 낳아서 기르다. 생물이 나아서 길러지다.
- **서광**曙光 동이 틀 무렵의 빛. 기대하는 일이 곧 일어날 징조를 비유하는 말.

[어휘게임 4]

서막, 석별, 선망, 선처, 선회, 설파, 섬광

슬비는 집사에게 이끌려서 수학 과외 선생 앞에 앉았다. 공부의 **서막**이 오르자 슬비는 가늘게 한숨을 쉬었다. 슬비에게는 지금까지 수많은 과외 선생들이 거쳐 갔지만 헤어지기 아쉬워 **석별**의 정을 나눈 적은 없었다. 슬비 과외는 누구나 **선망**하는 자리였기에 대단한 과외 선생들이 왔지만, 슬비는 한 번도 정을 주지 않았다. 자신은 늦어도 괜찮지만 단 1분이라도 과외 선생이 늦거나, 무언가 실수를 하면 단 한 번의 **선처**도 없이 가혹하게 잘라버렸다. 느릿하게 날던 독수리가 갑작스럽게 방향을 **선회해** 먹잇감을 노리듯, 평소에는 묵묵히 따르다가 기회만 생기면 과외 선생을 가차 없이 내쫓았고, 통쾌함을 느끼며 비웃었다. 수학 선생은 열심히 수학의 원리를 **설파했고** 슬비는 스펀지처럼 가르침을 빨아들였다. 과외 선생은 1,000문제를 이틀 뒤까지 풀라고 숙제로 내주고 갔다. 그때 슬비 눈동자 속에서 작은 **섬광**이 일어났다.

어휘사용설명서

서막 연극의 서막이 올랐다.
세계 축구인의 축제인 월드컵의 서막이 올랐다.

석별	할머니와 나는 마지막 석별의 정을 나누었다.
	졸업식에서 석별의 정을 나누며 눈물 바다가 되었다.
선망	너무 거대한 것만을 선망하지는 않았는지 반성했다.
	우리 또래들 사이에도 선망의 대상이었다.
선처	잘못했으니 선처 부탁합니다.
	내가 선처를 해주고 싶어도 지은 죄가 너무 커.
선회하다	인공위성이 지구 둘레를 선회한다.
	전폭기는 방향을 선회해서 남쪽 건물에 폭탄을 투하했다.
설파하다	숫자야 말로 세상을 이루는 근원이라고 설파했다.
	투표가 중요하다고 설파해 봐야 소귀에 경 읽기다.
섬광	찬란한 섬광 속에서 사랑의 불꽃을 한껏 태워라.
	한 줄기 섬광이 구름 사이를 뚫고 내렸다.

漢字音 어휘사전

- **서막序幕** 연극이나 오페라 등에서 처음 여는 막. 어떤 일이 시작함을 빗대는 말.
- **석별惜別** 서로 아쉬워하면서 헤어지는 일.
- **선망羨望** 부러워하여 바람.
- **선처善處** 형편에 따라 잘 처리함.
- **선회하다旋回~** 어떤 것의 둘레를 돌다. 방향을 바꾸다.
- **설파하다說破~** 어떤 내용을 듣는 사람이 받아들이도록 분명하게 말하다.
- **섬광閃光** 순간적으로 강렬히 번쩍이는 빛.

성화, 세례, 세태, 세파, 소산, 소소, 소양

"영어 교실에서 선생님이 기다리십니다. 빨리 정리하고 나오세요."
집사가 밖에서 빨리 나오라고 **성화**였다. 그 순간 슬비 눈에서 일었던
섬광이 밖으로 나오더니 주위에 폭탄 **세례**를 퍼붓듯 빛이 쏟아져 내렸
다. 그전까지 어지러운 **세태**에 찌들고, 험한 **세파**에 시달린 듯 차갑기
만 하던 슬비의 얼굴빛이 환하게 빛났다. 빛나는 얼굴은 빛 폭탄의 **소
산**처럼 보였다. 슬비는 웃음기까지 머금으며 1,000문제를 순식간에 풀
었다. 풀이 과정의 **소소한** 부분까지 전부 확인했다. 수학 과제를 마친
슬비는 느긋하게 방바닥에서 뒹굴며 책을 읽었다. 책을 다 읽고 책꽂이
에 꽂은 뒤 슬비는 다시 차가운 얼굴로 되돌아갔다. 그때 집사가 다시
독촉하는 소리가 들렸고, 문을 열고 나가며 슬비는 "1분밖에 안 늦었
는데 **소양**을 갖춘 분이 너무 큰소리시네요." 하며 얼음처럼 쏘아붙였다.

어휘사용설명서

성화 어머니의 성화에 아랑곳없이 늘 밖으로 싸돌아 다녔다.
엄마는 동생의 성화에 못 이겨 스마트폰을 사주셨다.

세례 문명의 세례를 받기 이전과 다르다.
미군은 일본군에게 폭탄 세례를 퍼부었다.

세태	안정만 추구하는 세태가 나라를 파멸로 끌고 간다.
	날카로운 글로 어지러운 세태를 꼬집었다.
세파	전쟁으로 인한 세파를 겪지 않은 것은 행운이었다.
	거친 세파에 몸도 마음도 모두 지쳐갔다.
소산	돈이야말로 욕망의 소산 아니겠는가?
	조상들의 문화적 소산을 잘 찾아봐야 합니다.
소소하다	너의 소소한 부분까지 다 마음에 든다.
	공연을 하려면 소소하게 신경 쓸 부분이 많아.
소양	21세기에는 과학적 소양을 갖추어야 한다.
	양반 증서는 돈 주고 샀으나 양반의 소양을 사지는 못했다.

漢字音 어휘사전

- **성화**成火   몹시 귀찮게 구는 일.
- **세례**洗禮   어떤 사건이나 현상이 한꺼번에 마구 쏟아짐.
- **세태**世態   사람들이 사는 세상 모습.
- **세파**世波   세상을 살면서 겪는 힘겨움.
- **소산**所産   어떤 행위나 상황으로 인한 결과물.
- **소소하다**小小~   작고 대수롭지 아니하다.
- **소양**素養   지식이나 교양.

[어휘게임 6]

소임, 속박, 속죄, 속출, 손상, 손색, 쇠잔

"제 맡은 바 **소임**일 뿐입니다. 너무 서운해 마십시오." 집사가 웬일인지 친절하게 대답했다. "아무리 소임이라 해도 이런 **속박**을 반길 사람은 없어요." "죄송합니다." 집사는 진심으로 **속죄**하는 분위기였지만 슬비는 신경도 안 썼다. "예전 집사가 있을 때 아가씨께서 회장님이 정하신 규칙을 따르지 않아 여러 문제가 **속출했다**고 들었습니다. 그로 인한 **손상**이 위험한 지경이었다고⋯⋯." 슬비는 집사의 말을 끊었다. "잔소리는 됐어요. 아무리 봐도 손집사님은 회장님의 종으로써 **손색**이 없으세요." 슬비는 비웃음을 한껏 보내주었다. "아가씨, 회장님 몸도 많이 **쇠잔해**지셨습니다. 이젠 아가씨께서 회장님을 위해주시는 게 좋지 않겠습니까?" "흥! 그게 저랑 무슨 상관이에요. 저 영어 수업 해야 되요." 슬비는 방문을 일부러 우당탕탕 닫으며 영어 교실 방으로 들어갔다.

어휘사용설명서

소임 삼촌은 경찰의 소임을 다하려고 애를 썼다.

군인이 소임을 다하지 못하면 국가가 위태롭다.

속박	정신적 속박이 제일 무섭다.
	나를 더 이상 속박하지 마. 나는 자유롭고 싶어.
속죄	속죄하는 척하며 하루를 보냈다.
	내가 속죄를 한다고 달라지는 게 있겠어.
속출하다	올림픽에서 세계 신기록이 속출했다.
	사고가 속출하자 정부는 도로를 폐쇄했다.
손상	오른쪽 다리가 압착 손상으로 완전히 짓눌려 있었다.
	실수로 손상이 생기면 정말 큰 손해를 본다.
손색	국가대표로서 손색이 없는 실력을 갖췄다.
	반장으로 활동하기에 손색이 없는 품성을 지녔다.
쇠잔하다	쇠잔한 몸뚱이일망정 치욕을 면한 것이 다행이다.
	몇 년째 병치레를 하더니 갈수록 몸이 쇠잔해갔다.

漢字音 어휘사전

- **소임**所任 　　 맡은 일.
- **속박**束縛 　　 남이 무언가를 하지 못하도록 강제로 얽어매거나 제한함.
- **속죄**贖罪 　　 지은 죄를 물건이나 다른 공로 따위로 견줘 없앰.
- **속출하다**續出~ 　 어떤 일이 잇따라 생기다.
- **손상**損傷 　　 망가지거나 흠이 생김.
- **손색**遜色 　　 모자라거나 뒤떨어진 점. 주로 '없다'와 함께 씀.
- **쇠잔하다**衰殘~ 　 힘이나 세력이 점점 약해지다.

수금, 수긍, 수반, 수소문, 수심, 수용, 수의

"강전무, 오피스텔 임대료가 잘 **수금**이 안 된다는 보고가 있던데 확인해서 보고하게." 회장은 전화를 끊고 소파에 앉았다. 집사는 회장에게 꼼꼼하게 슬비에 대해 보고했다. 보고를 다 들은 회장은 "이번엔 내 규칙을 **수긍**하고 잘 따르던가?" 하고 물었다. "네, 성취는 고통을 **수반한다**는 사실을 받아들이고 있습니다." "다행이군." 회장은 만족해했다. "그런데 회장님, 아무래도 슬비 어머니가 어디 있는지 **수소문**해 봐야하지 않겠습니까? 아가씨 얼굴에 **수심**이 떠나지 않는 이유가 아무래도 그 때문인 듯합니다." 집사는 최대한 조심하며 말을 꺼냈다. "우리 가문은 아무나 **수용하는** 수용소가 아니야. 큰아들 **수의**를 내가 직접 입히면서 절대 그 아이를 받아들이지 않기로 결심했네. 그 말은 못들은 걸로 하겠네."

어휘사용설명서

수금 열 군데라 수금하는 데 한참이 걸렸다.

맡긴 돈을 수금하듯 하급생 돈을 뜯었다.

수긍 즐거움을 위해서라는 의도야 수긍을 한다.

도대체 왜 독도를 노리는지 수긍이 안 간다.

수반하다	도전에는 기쁨뿐 아니라 고통도 수반한다.
	투기는 큰 위험 부담을 수반한다.
수소문	수소문 끝에 우리 집으로 순경이 찾아왔다.
	아무리 수소문해 봐도 집나간 강아지의 행방은 오리무중이었다.
수심	수심에 잠긴 얼굴이 보기에도 안쓰러웠다.
	우리야 등 따시고 배부르면 그만이니 뭔 수심이 있겠소.
수용하다	모든 동물을 동물원에 수용하였습니다.
	포로를 수용하기 위해 거제도에 포로수용소를 만들었다.
수의	생전에 손수 지어 두었던 명주 수의로 할머니 몸을 고이 쌌다.
	삼베 수의를 입으시니 생전처럼 예뻐 보였다.

漢字音 어휘사전

- **수금**收金 　받을 돈을 거두어들임.
- **수긍**首肯 　옳게 여김.
- **수반하다**隨伴~ 　어떤 일과 더불어 생기다.
- **수소문**搜所聞 　무언가를 찾기 위해 여기저기를 두루 찾아 살핌.
- **수심**愁心 　걱정하는 마음.
- **수용하다**收容~ 　포로, 난민, 동물, 물품 따위를 일정한 곳에 모아 넣다.
- **수의**壽衣 　죽은 사람에게 입히는 옷.

[어휘게임 2]

수족, 수척, 수훈, 숭상, 습작, 시국, 시사

집사는 확실히 회장의 **수족**이었다. 다른 사람이 슬비 어머니와 관련한 말을 꺼냈으면 불같이 화를 냈을 것이다. "회장님 얼굴이 많이 **수척해** 보이십니다. 너무 무리하지 마십시오." "자네가 슬비와 관련해서 큰 **수훈**을 세운다면 내 피로는 절로 풀릴 걸세." 회장은 소파에서 일어났다. 집사는 더욱 몸을 숙이며 회장을 **숭상하듯** 우러러봤다. "참, 회장님! 둘째 도련님께서 보내오신 책이 도착했는데 읽어보시겠습니까?" "됐네. 어차피 **습작** 수준에도 미치지 못하는 그런 글 따위 읽고 싶지 않네." 회장은 발걸음을 멈추고 집사를 향해 몸을 돌렸다. "참, 요즘, 부정입학과 관련해 **시국**이 어수선하던데 우리 재단 쪽 학교는 어떤가?" "두 달 전에 교육청 국장이 은근슬쩍 이런 일이 있을 거라고 미리 **시사해** 주어서 문제될 만한 서류는 전부 정리했습니다. 걱정 마십시오." 회장은 흡족하게 웃었다. "역시 자네야. 그럼 난 좀 쉬겠네."

어휘사용설명서

수족　　내 수족이 성할 때 부지런히 일해야지.

　　　　　머리가 나쁘면 수족이 고생이다.

수척하다   몸이 너무 수척해서 비참해 보였다.

수척한 얼굴을 보니 너무 가슴이 아프다.

수훈   오늘 승리를 일궈낸 수훈 선수는 누구일까?

전쟁에서 큰 수훈을 세우고 집으로 돌아왔다.

숭상하다   겉치레만 숭상하니 실질적인 발전이 없다.

문인을 숭상하고 무인을 천대하다 무신정변이 일어났다.

습작   어릴 때 선생님의 격려가 치열한 습작 생활을 가능하게 했다.

몇 번 습작을 해 보았지만 실력이 늘지 않았다.

시국   재수 없는 일을 겪은 것은 시국을 잘못 만났기 때문이다.

시국 사건 재판이 어떻게 결말이 날지 모두들 궁금했다.

시사하다   조사결과는 불평등이 심해졌다는 것을 시사한다.

비극이 시사하는 바를 깨닫지 못하면 같은 비극을 다시 겪는다.

漢字音 어휘사전

- **수족**手足   손발.
- **수척하다**瘦瘠~   몹시 야위고 메마른 느낌이 들다.
- **수훈**殊勳   어떤 일을 이루는 데 큰 도움을 줌.
- **숭상하다**崇尙~   거룩한 대상을 우러러보다.
- **습작**習作   예술을 하는 사람이 연습 삼아 작품을 만듦.
- **시국**時局   국내외 정치 상황이나 분위기.
- **시사하다**示唆~   어떤 사실을 슬쩍 비쳐서 일깨워주다.

[어휘게임 3]

시정, 시찰, 시효, 식견, 식별, 식생, 신기원

회장은 잠시 쉬다가 슬비와 과외 선생들이 지난 번 지적사항을 잘 **시정했는지** 직접 **시찰**하고 싶었다. 다음 주까지로 **시효**를 주었으니 아직 시간이 남았기는 했지만 확인해 보고 싶었다. 먼저 수학 교실 방으로 들어갔다. 온갖 수학 관련 책과 교구재, 참고서, 문제집이 가득했다. 인테리어도 수학에 어울리게 해 두어서 이 방에만 있어도 수학에 대한 **식견**이 저절로 생길 듯한 분위기였다. 회장은 책상 위에 놓인 문제집과 풀이집을 살폈다. 자신이 지시한 대로 문제집과 가르치는 방식이 바뀌었는지 **식별하기**는 어렵지 않았다. 창문 밖으로 꾸며 놓은 화원의 **식생**도 수학과 어울리게 꾸몄는지 확인했다. 책꽂이도 일일이 확인하며 수학의 역사에서 **신기원**을 연 인물과 이론에 관한 책이 빠지지 않고 정확히 갖추어져 있는지, 독서한 흔적은 제대로 남아 있는지 등도 점검했다.

어휘사용설명서

시정하다 나쁜 것은 나쁘다고 인정하고 시정해야 한다.

잘못을 시정하지 않으면 문제가 더 악화된다.

시찰   우리 학교에 장학사가 시찰을 나온다고 했다.

        현장 시찰을 해보면 서류와 다른 경우가 많다.

시효   내 작품은 이미 시효가 지난 작품이었다.

        공소 시효가 만료되기 하루 전에 범인이 붙잡혔다.

식견   과학에 대한 식견이 대단했다.

        꼭 식견이 얕은 놈이 잘난 척을 해요.

식별하다   무엇이 더 중요한지 식별할 줄 알아야 한다.

        어두워서 사물을 식별하기 어려웠다.

식생   과학 선생님이 뒷산 식생을 조사하라는 숙제를 내주셨다.

        환경영향평가에서 식생을 제대로 조사하지 않았다.

신기원   포드는 대량생산·대량소비 시대의 신기원을 열었다.

        바퀴야말로 인류 문명의 신기원을 연 발명품이다.

漢字音 어휘사전

- **시정하다**是正~   잘못을 바로잡다.
- **시찰**視察   어떤 곳을 두루 돌아다니며 살핌.
- **시효**時效   효과나 권리, 책임이 유지되는 기간.
- **식견**識見   사물을 바르게 판단하는 능력.
- **식별하다**識別~   어떤 대상이 무엇인지 알아차리다.
- **식생**植生   일정한 장소에 모여 사는 특별한 식물 집단.
- **신기원**新紀元   새로 시작하는 시대.

[어휘게임 4]

신록 , 신망, 신문, 신산, 신원, 신조, 신축

회장은 영어 교실 방으로 들어갔다. 거기에서는 영어 선생이 슬비를 가르치는 중이었다. 회장은 계속 하라는 신호를 보내고 묵묵히 방을 살폈다. 방에 꾸며 놓은 화단은 **신록**이 우거진 여름 분위기를 냈다. 회장은 잠시 영어 선생을 살폈다. **신망**이 두텁다는 소문을 믿고 구했다. 물론 자신이 직접 만났고 경찰이 **신문**하듯 철저히 캐묻기도 했다. 살아온 삶이 약간 **신산스러운** 데가 있긴 했지만 **신원**이 확실하고, 약간 어려움을 극복한 사람이 더 낫다는 회장의 평소 **신조**에 어울리는 것 같아서 선택했다. 슬비는 회장에게는 신경도 안 쓰고 공부에 열중했다. 시선도 주지 않는 슬비에게 서운함을 느낄 만도 하건만, 회장은 오히려 기특하게 여겼다. '낡은 건물을 깨끗이 밀고 새 건물을 **신축**하듯이, 과거를 싹 지우고 새롭게 기르는 손녀다. 잘 키워야 한다.' 회장은 흐뭇하게 웃다가 슬비 엄마, 즉 집나간 며느리가 떠오르자 지그시 입술을 깨물었다.

어휘사용설명서

신록　초여름 신록이 우거진 숲을 한가로이 거닐었다.

　　　내가 제일 좋아하는 계절은 신록을 흩뿌려놓은 초봄이다.

신망	김구는 조선인 중에서 신망받는 인물이다.
	정치인 중에서 국민의 신망을 받는 사람이 누굴까?
신문	형사는 범죄자로 의심되는 사람들을 신문했다.
	변호사가 없이 검찰의 신문에 응하면 불리하다.
신산스럽다	삶의 신산스러움을 잘 이겨 낸 사람들은 성숙하다.
	아버지 사업이 실패하자 삶이 신산스럽게 변했다.
신원	차량이 전파되면서 환자만 후송된 탓에 신원 확인이 늦었다.
	허가를 받지 않은 신원 조회는 범법 행위다.
신조	어떤 일이 있어도 자기 신조에 충실했다.
	하면 된다는 신조는 누군가에게는 엄청난 언어폭력이다.
신축	신축 건물이라 좋아라고 들어갔더니 실망이 너무 컸다.
	도시 곳곳에 신축하는 빌딩들이 숲을 이루었다.

漢字音 어휘사전

- **신록**新綠　여름 무렵 새로운 잎이 띠는 녹색 빛.
- **신망**信望　어떤 사람을 믿고 기대하는 마음.
- **신문**訊問　법원, 검찰, 경찰에서 범인이나 증인에게 궁금한 사실을 질문함.
- **신산스럽다**辛酸~　삶이 힘들고 고생스러운 데가 있다.
- **신원**身元　개인의 성장 과정과 관련된 자료.
- **신조**信條　굳게 믿으며 지키는 생각.
- **신축**新築　건축물을 새로 지음.

실감, 실성, 실언, 실의, 실증, 실토, 실추

"이 방을 볼 때마다 네 할아버님의 정성을 **실감해**. 정말 놀라운 방이야." 영어 선생은 진심으로 감탄하며 방을 둘러봤다. 온갖 영어 책과 교구들, DVD, 컴퓨터, 영상기기, 그리고 영어 공부에 어울리는 인테리어 등은 접할 때마다 경이로웠다. 영어 선생은 잠시 **실성한** 사람처럼 방을 둘러보며 "넌 정말 할아버지께 감사해야 해." 하고 말했다. "훗! 그런 **실언**은 안 하시는 게 좋아요. 저랑 계속 수업하고 싶다면." 슬비의 차가운 반응에 영어 선생은 화들짝 놀라며 갑자기 **실의**에 빠진 표정을 지었다. "겉만 보고 판단하지 마세요." "겉만 보고라니? 이렇게 많은 **실증**이 있잖아." "지금 물질의 양이 사랑의 크기를 결정한다는 선생님의 속된 믿음을 저에게 **실토하신** 건가요?" 슬비가 내뱉는 단어들에서 북극의 냉기가 흘렀다. "흠… 가족의 비밀은 어디나 있기 마련이지만……." 영어 선생은 **실추**된 명예를 회복하기 위해 그럴듯한 말을 하려고 애썼지만 슬비는 지겨웠다. "이제 공부하죠."

실감하다   젊은이를 보며 다시 봄이 왔음을 실감한다.

   일 년이 지났지만 이별을 실감하지 못했다.

실성하다   마치 실성한 사람처럼 크게 웃어젖혔다.

   건물이 무너지자 모두 실성하여 제정신이 아니었다.

실언   아내에게 실언을 해서 부부싸움을 했어요.

   실언이 쌓이고 쌓이면 신뢰를 잃는다.

실의   실업난이 청년들을 실의에 빠뜨렸다.

   여행은 실의에 잠긴 사람에게 새로운 에너지를 준다.

실증   실증적이고 구체적인 사례를 통해 증명하라.

   수사관이 실증을 제시하자 범인은 모든 죄를 털어놨다.

실토하다   한 마디도 실토하지 않았다.

   내가 모든 진실을 실토했지만 믿지 않았다.

실추   내 위신을 실추시킨 행동에 책임을 묻겠다.

   실추된 명예를 회복하기가 쉽지 않다.

漢字音 어휘사전

- **실감하다**實感~   진짜로 생생하게 느끼다.
- **실성하다**失性~   정신에 이상이 생겨 제정신을 잃고 미치다.
- **실언**失言   실수로 쓸데없는 말을 함.
- **실의**失意   뜻이나 의욕을 잃음.
- **실증**實證   확실한 증거. 실제로 증명함.
- **실토하다**實吐~   거짓 없이 사실대로 다 말하다.
- **실추**失墜   명예나 위신을 잃음.

[어휘게임 6]

심려, 심모원려, 심미적, 심사, 심연, 심오, 십분

"영어선생님께서 많이 걱정하시더군요." 슬비가 혼자 공부하는데 집사가 들어오며 말했다. "제가 또 집사님께 **심려**를 끼쳐드렸나요? 전 나름대로 지금 영어선생님과 오래 공부하고 싶은 **심모원려** 때문이었는데……." 말에 담긴 뜻은 예의 바랐지만 어투는 비웃음이 가득했다. "그럼 됐습니다. 그리고 회장님께서 앞으로 영미시의 **심미적**인 측면을 더 깊이 연구해 보라고 하셨습니다. 이 책이 도움이 될 거라며 다음 주까지 꼭 읽어 보라고 하셨습니다." 집사가 책을 두고 나간 뒤 슬비는 **심사**가 뒤틀렸다. 아니 무의식 깊은 **심연**에서 마그마 같은 분노가 치밀어 올랐다. "**심오한** 영미시 탐색! 흥, 제목 한 번 거창하네." 책을 찢어버리고 싶은 욕구를 겨우 참았다. "힘드신 마음 **십분** 이해합니다. 그러나 피할 수 없으면 즐기십시오." 문밖에서 집사의 충고가 들렸다. 슬비는 숨이 막혔다. 너무 답답했다. 그 순간 슬비 눈에서 섬광이 일렁였다. 어느새 슬비는 〈어휘를 파는 카페〉 앞에 서 있었다.

심려	저는 괜찮으니 너무 심려하지 마세요.
	제 실수로 심려를 끼쳐 드려 죄송합니다.
심모원려	내 나름대로 심모원려였지만 실망만 시키고 말았다.
	제갈공명은 심모원려가 아주 뛰어났다.
심미적	심미적인 아름다움을 추구한 작품이다.
	경제적인 면만 좇지 말고 심미적인 면도 추구하세요.
심사	한편으론 외롭고 한편으론 불안한 심사였다.
	웬 심사가 뒤틀렸는지 자기 방에서 나오지 않아.
심연	심리의 심연을 들여다보면 몸서리치는 괴로움이 보인다.
	게임 중독의 심연에 빠지면 빠져 나오기 힘들다.
심오하다	심오한 철학적 질문에 답하기 위해서 연구했다.
	노자 철학은 심오한 진리를 담고 있다.
십분	개인차를 십분 반영하였으니 걱정 마세요.
	십분 노력했다면 실패해도 난 만족한다.

漢字音 어휘사전

- **심려**心慮 깊은 걱정.
- **심모원려**深謀遠慮 깊은 꾀와 먼 미래를 내다보는 생각.
- **심미적**審美的 아름다움을 찾으려는.
- **심사**心思 마음에 품은 생각.
- **심연**深淵 깊은 못. 좀처럼 빠져나오기 힘든 구렁.
- **심오하다**深奧~ 사상이나 이론이 깊고 오묘하다.
- **십분**十分 아주 충분히.

:3부:

어휘는 문장 속에 존재하고,

인간은 욕구 속에 존재한다

'언제'라는 시간에 갇힌 아이들

"내일 다시 오렴."

주인은 내가 Level 8의 어휘게임 7을 마치자 곧바로 내보내려 했다. 그러나 그건 안 된다. 어제 있었던 내 경험을 꼭 물어봐야 했다. 그리고 내가 본 영상 속 슬비와 현지의 사건이 진짜인지 확인해야 했다. 영상이 사실이라면 현지는 슬비에 의해서, 아니 정확히는 이 카페 주인에 의해 실종된 것이다. 영상 속에서 무시무시한 능력을 발휘하던 여인은 바로 카페 주인이었다. 영상은 너무나 실감났다. 그게 설마 실제일까? 혹시 CG는 아니었을까?

"어떻게 된 일이죠? 현지와 슬비는 어디에 있는 건가요? 그리고 사라진 현수는 또 어디에 있죠?"

나는 대문 앞에 버티고 서서 질문을 쏟아냈다. 여주인은 부드러운 힘으로 날 밀어내려다 포기하고 살며시 웃었다.

"혹시 어제 특별한 경험을 하지 않았니?"

나는 놀라지 않았다. 분명 어제 내가 했던 특별한 경험은 이 카페에서 한 〈어휘게임〉과 관련이 있다고 이미 확신했기 때문이다. 그럼 시간을 다스리는 힘이 생긴다는 말이 진짜란 뜻이다. 그게 어떻게 가능한지는 몰라도 분명 〈어휘게임〉을 통해 얻은 힘이 분명했다.

"아주 특별한 경험이었죠. 제가 온전히 제 시간을 쓴 느낌이었으니까요. 그렇지만 그게 어떻게 가능했는지는 정말 모르겠어요."

나는 솔직히 말했다. 카페 주인은 능력의 깊이를 알 수 없는 사람이다. 아니 어쩌면 사람이 아닐지도 모른다. 그래서 속으로는 정말 두려웠지만 태연한 척 애썼다.

"인간은 누구나 욕구가 존재한단다. 특히 자기가 하고 싶은 일을 마음껏 하고 싶은 욕구는 정말 강렬하지. 학생이 찾는 아이들은 자기가 원하는 시간을 충분히 즐기고 싶어 했어. 욕구가 꺾인 삶, 욕구를 제대로 누리지 못하는 삶은 자기 삶이 아니기 때문이지. 행복한 사람은 더 많은 시간을 원하지만, 불행한 사람은 자기 시간을 끊임없이 팔려고 한단다. 행복한 사람은 이 시간이 길게 늘어지길 바라면서 더 많은 시간을 원하고, 불행한 사람은 그 시간이 빨리 지나가길, 빨리 사라지길 비는 거지. 누구는 시간을 사지 못해 안달하고, 누구는 시간을 팔지 못해 안달한단다. 나는 불행한 시간을 팔려는 아이들에게 불행한 시간을 사서, 행복한 시간을 요구하는 아이들에게 행복한 시간을 선물해 주었을 뿐이야."

무슨 뜻인지는 알겠는데 그것이 현실적으로, 즉 물리적으로 가능한 일인지 납득이 되지 않았다.

"그럼 지금 그 학생들은 어디에 있죠?"

카페 주인은 손을 내 가슴에 대고 살짝 밀었다. 나는 힘을 주어 저항하려 했지만 온 몸에 힘이 빠지면서 카페 철문 밖으로 밀려났다.

"그 아이들을 찾고 싶으면 내일 다시 와라. 그리고 프로파일러를 꿈꾼다면 질문을 정확히 해야지. '어디에 있죠?'가 아니라, '언제에 있죠?' 하고 물어야 해."

'어디'가 아니라 '언제'라고? 난 무언가 섬뜩한 실마리가 떠올랐다. 설마, 설마, 내가 방금 전 떠올린 실마리가 맞는 걸까? 그럴 리가?

내가 잠시 혼돈에 빠진 사이 내 몸은 어느새 낯선 거리로 밀려나와 버렸다. 나는 그날 밤에도 집에서 충분한 독서시간을 누렸다. 무려 책 다섯 권을 보았는데, 실제 시간은 겨우 2분밖에 지나지 않았다. 다섯 권을 읽는 동안 너무나 행복했고, 온전한 기쁨을 만끽했다. 카페 주인의 말이 맞았다. 나는 내가 행복한 시간이 길게 늘어지길 원했고 그것을 누렸다. 다시 없는 기쁨이었으며, 또다시 누리고 싶은 욕망이 치솟아 올랐다. 내가 벌어놓은 시간은 충분한 것일까? 더 많은 시간을 벌어놓을 수는 없을까? 그러면 더 많은 시간을 온전히 내가 원하는 걸 하면서 즐길 텐데. 그러고 보니 실종된 친구들도 같은 경험을 했을 것이다. 나는 어렴풋이 '어디'가 아니고 '언제'라고 한 카페 주인의 말을 이해했다. 어떻게 그것이 가능한지는 몰랐지만 분명 내 판단이 맞으리라는 확신이 들었다.

나는 그다음 날 또다시 커피 향을 따라서 〈어휘를 파는 카페〉를 찾았고, 이번에는 시인이 꿈이었던 '선규'를 영상으로 만났다. 그리고 그 안에서 선규와 함께 있는 카페 주인을 보았다.

행복한 사람은 더 많은 시간을 원하고
불행한 사람은 자기 시간을 끊임없이 팔려고 한다.

-시우-

[어휘게임 1]

악용, 안목, 알선, 암담, 암투, 압제자, 압착

선규 엄마는 늘 선규가 간절히 원하는 걸 **악용해** 공부하도록 만들려고 했다. 조금이라도 **안목**이 있다면 선규의 재능을 알아보고 선규가 가고 싶은 길을 가도록 **알선해** 주었을 텐데, 선규 엄마는 아들의 재능을 알아보는 안목이 없었다. 자신이 원하는 길을 봉쇄당한 선규는 항상 **암담함**을 느꼈다. 시험 점수 1점에 안달하고, 수행평가 1점을 더 받기 위해 **암투**를 벌이는 현실이 끔찍하게 싫었지만 벗어날 길은 없었다. 담임선생님은 **압제자**처럼 학생들을 공부로만 몰았고, 엄마와 학원선생님도 선규를 **압착**하듯 몰아세웠다.

어휘사용설명서

악용하다   권력을 악용하면 수많은 사람이 고통받는다.

                내가 선의를 베풀었지만 너는 내 선의를 악용했어.

안목   보는 사람의 안목에 따라 가치가 다르다.

                내 안목 덕분에 좋은 작품을 구했다.

알선하다   아버지 친구가 내 일자리를 알선해 주셨다.

                길거리에서 만난 거지에게 노숙자 쉼터를 알선했다.

암담하다　해봐야 안 된다는 말을 듣고 암담했다.

　　　　　　암담한 현실이 나를 짓눌렀다.

암투　　　1인자 자리를 놓고 조직원들끼리 암투가 벌어졌다.

　　　　　　입시는 친한 친구끼리도 암투를 벌이도록 만든다.

압제자　　압제자들이 백성들을 괴롭혔다.

　　　　　　아프리카에는 아직도 많은 압제자들이 있다.

압착　　　오른쪽 다리가 압착 손상으로 완전히 짓눌려 있었다.

　　　　　　들깨를 압착해서 맛있는 들기름을 짰다.

漢字音 어휘사전

- **악용하다**惡用~　　나쁘게 사용하다.
- **안목**眼目　　　사물의 본질이나 사람의 됨됨이를 잘 판단하는 능력.
- **알선하다**斡旋~　　남의 일이 잘되도록 알아봐주고 도와주다.
- **암담하다**暗澹~　　어두컴컴하고 쓸쓸하다. 희망이 없고 절망적이다.
- **암투**暗鬪　　　겉으로 드러내지 않고 속으로 싸움.
- **압제자**壓制者　　권력이나 폭력으로 남을 꼼짝 못하게 강제로 누르는 지배자.
- **압착**壓搾　　　눌러 짜냄.

[어휘게임 2]

애걸, 애송, 야합, 약세, 약과, 약조, 약진

"엄마, 저는 공부에 소질 없어요." 선규는 엄마에게 **애걸했다.** "저는 시인이 되고 싶어요." 선규는 자신이 **애송**하는 자작시를 몇 편 들려주며 엄마를 설득하기 위해 애썼지만 어림도 없었다. "학벌이 필요 없다느니, 돈은 인생에서 안 중요하다느니 따위의 말은 하지 마렴. 그건 공부하기 싫은 네 친구들과 **야합**해서 엄마를 어떻게 해 볼 의도라는 걸 이미 알고 있으니까." 엄마는 학벌과 돈이 왜 중요한지 강조했고, 선규는 애써 대항했지만 논리 대결에서 **약세**를 면치 못했다. "지금까지 네가 한 공부는 **약과**야. 널 보니 이제는 제대로 공부시켜야겠구나." 엄마의 음색이 부드럽게 변했다. "엄마가 시키는 대로 공부하겠다고 약속, 아니 **약조해.** 그럴 거지?" 약조에 힘을 주는 엄마의 눈빛에 선규는 의지와 다르게 동의하고 말았다. "지금부터라도 열심히 하면 성적이 눈에 띄게 **약진**할 거야."

어휘사용설명서

애걸하다 누군가가 부인에게 진심으로 애걸했습니다.

　　　　　　용서해 달라고 애걸했지만 들어주지 않았다.

애송   시간이 날 때마다 김춘수 시인의 〈꽃〉을 애송했다.

            누구나 애송시 한 편은 간직해야 합니다.

야합   적과 야합해서 이순신을 모략했다.

            기업끼리 독점적 이익을 위해 야합하는 행위를 담합이라 한다.

약세   주식시장은 계속 약세를 보였다.

            우리 군대가 더 약세인데 이대로 전투를 벌여도 될까요?

약과   지금까지 내가 한 일은 약과였어.

            사장님이 내신 화는 예전에 비하면 약과라네.

약조   나와 약조했으면 반드시 지켜야지.

            부당한 약조는 지킬 필요가 없다.

약진   키 작은 아이가 순식간에 약진했다.

            전쟁과 파괴를 약진의 발판으로 삼아 놀라운 성공을 거두었다.

漢字音 어휘사전

- **애걸하다**哀乞~　　소원을 들어달라고 애처롭게 빌다.
- **애송**愛誦　　시나 문장을 즐겨 외움.
- **야합**野合　　나쁜 잇속을 채우기 위해 여럿이 뭉침.
- **약세**弱勢　　기세나 세력이 약함.
- **약과**藥果　　그만한 것이 다행임. 그 정도는 아무것도 아님.
- **약조**約條　　조건을 붙여서 약속함.
- **약진**躍進　　힘차게 앞으로 나아감. 빠르게 발전함.

[어휘게임 3]

양양, 양호, 어눌, 어조, 억겁, 억류, 언도

중학교 입학할 때만 해도 선규는 중학교 생활이 **양양할** 거라고 굳게 믿었다. 초등학교 때 성적이 나쁘지 않았고, 친구들과도 무난하게 잘 지냈기 때문이다. 중학교에서 본 첫 시험 결과는 **양호했고** 친구관계도 괜찮았다. 그런데 어느 날 수행평가 발표를 할 때 긴장한 탓에 **어눌하게** 발표를 한 것이 계기가 되어 중학교 생활이 어긋나 버렸다. 친구들은 선규를 보면 수행평가 발표할 때의 어눌한 **어조**를 흉내 내며 놀려댔다. 놀림 따위를 당해 본적이 없던 선규는 놀림을 당하는 순간이 **억겁**처럼 느껴졌다. 몇몇 못 된 애들은 선규를 강제로 화장실에 **억류해** 놓고 괴롭히기도 했다. 망할 놈의 수행평가가 선규의 중학교 생활에 사형을 **언도해** 버린 것이나 마찬가지였다.

어휘사용설명서

양양하다   그도 한 때는 전도가 양양한 사람이었지.

              10대는 앞길이 양양한 시절이지.

양호하다   뒷간의 청결 상태는 매우 양호하다.

              겉은 양호했지만 속은 썩었다.

어눌하다	어눌하기 짝이 없는 언어로 지식을 탐구했다.
	말씨가 어눌하다고 바보는 아니다.
어조	차분한 어조로 나를 설득하려 들었다.
	선생님은 강한 어조로 배려를 말씀하셨다.
억겁	우포늪은 억겁의 세월을 간직했다.
	억겁의 시간에 견주면 인간의 생은 참으로 짧다.
억류	폭설이 내려 산속에 억류되고 말았다.
	납치범들이 인질 3명을 억류했다.
언도	3명 모두 무기징역을 언도받았다.
	독재정권은 사형을 언도하자마자 다음날 집행해 버렸다.

漢字音 어휘사전

- **양양하다**洋洋~   사람의 앞날이 밝고 희망차다.
- **양호하다**良好~   대단히 괜찮다.
- **어눌하다**語訥~   말이 매끄럽지 못하고 조금 떠듬떠듬하다.
- **어조**語調   느낌, 생각이 드러나는 말투.
- **억겁**億劫   아주 오랜 시간.
- **억류**抑留   억지로 머무르게 함.
- **언도**言渡   법원에서 판사가 판결을 알리는 일.

[어휘게임 4]

언행, 엄선, 엄습, 여념, 여담, 여생, 역경

선규는 늘 **언행**을 조심했다. 하고 싶은 말이 있어도 꾹 참고 단어 하나, 표현 하나를 **엄선**해서 말했다. 조금이라도 분위기에 안 맞는 표현이라도 했다싶으면 공포감이 **엄습해** 어쩔 줄 몰랐다. 선규는 단어와 말투에 신경을 쓰느라 **여념**이 없었기에 성적은 자연히 떨어질 수밖에 없었다. 꼭 해야 할 말만 했고 친구들과 **여담**은 절대 나누지 않았다. 선규는 혹시나 **여생** 내내 이렇게 살아야 하나 싶어 끔찍하기도 했다. 그러나 **역경**의 시절이 가고 나면 반드시 좋은 때가 오리라 믿으며 하루 하루를 애써 견뎌냈다.

어휘사용설명서

언행　전문가가 예측하는 언행은 하지 않겠어.

　　　　언행을 함부로 하면 반드시 뒤탈이 생긴다.

엄선　좋은 제품만 엄선하여 판매합니다.

　　　　엄선에 엄선을 거친 학생들임에도 실수를 저질렀다.

엄습하다　북극의 추위가 엄습하자 도시가 꽁꽁 얼어붙었다.

　　　　어둠이 짙게 깔리고 불안이 엄습했다.

여념	주위는 신경도 쓰지 않고 밥 먹기에 여념이 없었다.
	공부에는 관심도 없고 오직 놀 궁리에 여념이 없었다.
여담	회담 도중에 잠시 쉬며 대통령들은 여담을 즐겼다.
	여담입니다만 두 분 다 참 예쁘십니다.
여생	걸작을 만들기 위해서라면 여생을 바쳐도 좋다.
	여생이 얼마 남지도 않았는데 돈벌이에만 몰두하실 건가요?
역경	비록 지금은 역경에 시달려도 꿈을 향해 나아간다.
	역경이 없다면 성숙도 없다.

漢字音 어휘사전

- **언행**言行　　말과 행동.
- **엄선**嚴選　　엄격하게 가려 뽑음.
- **엄습하다**掩襲~　　갑자기 일이 일어나거나 닥쳐 오다.
- **여념**餘念　　지금 하는 일 외의 일을 살필 생각.
- **여담**餘談　　중심에서 벗어나 흥미로 하는 이야기.
- **여생**餘生　　남은 삶.
- **역경**逆境　　매우 힘들고 어렵게 된 처지나 환경.

[어휘게임 5]

역부족, 역설, 역점, 역정, 연계, 연고, 연대

시간이 지나가 선규는 친구들의 관심 밖으로 밀려나는 것 같았다. 선규는 다시 공부에 집중하려고 했지만 **역부족**이었다. 선생님이 아무리 중요하다고 **역설하고** 자세히 설명해도 귀에 잘 들어오지 않았기 때문이다. 선생님이 **역점**을 두어 강조하는 부분은 귀에 들어오지 않고, 자신이 과거에 신경을 곤두세우며 선택했던 단어가 나올 때만 귀가 열리니 환장할 노릇이었다. 이런 자신에게 **역정**이 난 선규는 새로 사귄 친구들과 **연계**해서 괜히 힘없는 애들을 괴롭히기도 했다. 전학 와서 **연고**가 없는 애들이라도 나타나면 일부러 찾아가 괴롭혔다. 자신이 과거당했던 일을 떠올린다면 괴롭힘 당하는 애들에게 **연대**의 손길을 내밀어도 부족할 판이었지만, 선규는 당장의 괴로움을 잊기 위해 나쁜 일에 앞장섰다.

어휘사용설명서

역부족 많은 식구를 먹여 살리기에는 역부족이었다.

내 역량이 역부족이기에 외부의 도움이 필요했다.

역설하다 민주주의 교육의 필요성을 역설했다.

독서가 중요하다고 아무리 역설해도 잘 듣지 않았다.

역점	기자는 진실 보도에 역점을 두어야 한다.
	자신이 잘하는 분야에 역점을 두고 노력하시기 바랍니다.
역정	신문에 광고하고 다닌다고 크게 역정을 냈다.
	할머니가 역정을 내시자 집안 분위기가 차가워졌다.
연계	다른 조직과 연계해서 독립운동을 펼쳐야 합니다.
	아무런 연계도 없이 혼자서 모든 일을 하시겠다고요?
연고	전혀 연고도 없는 장애인을 돕는 목적은 무엇인가?
	한국 사람들은 누구를 만나든 연고를 따지려 든다.
연대	어려운 때일수록 연대의 손길을 내밀어야 합니다.
	힘없는 사람들끼리 연대해야 세상이 바뀐다.

漢字音 어휘사전

- **역부족**力不足 　힘이나 기량 따위가 턱없이 모자람.
- **역설하다**力說~ 　자기의 뜻을 힘주어 말하다.
- **역점**力點 　가장 힘을 기울이는 부분.
- **역정**逆情 　웃어른이 내시는 화를 높여 이르는 말.
- **연계**聯繫 　어떤 일이나 사람과 연결을 맺음.
- **연고**緣故 　이러저러한 일이나 맺어진 관계.
- **연대**連帶 　여럿이 함께 일을 하거나 함께 책임을 짐. 한 덩어리로 연결됨.

[어휘게임 6]

연루, 연명, 연방, 연서, 연연, 연정, 연후

선규는 학교 폭력 사건에 **연루**되어 징계를 받기도 했지만, 괴롭힘을 그만두면 생명을 **연명**하지 못할 것처럼 **연방** 약한 친구를 괴롭히는 짓을 계속했다. 그러던 어느 날 1학년 때 국어선생님이 선규에게 **연서** 형식으로 된 시 한 편을 선물해 주셨다. 과거의 상처에 **연연해** 나쁜 짓을 반복하는 선규의 아픔을 어루만지는 선생님의 자작시였다. 선규는 시를 읽고 눈물을 펑펑 흘렸다. 시를 수십 번 읽고 또 읽었다. 그러고 나니 가슴이 후련했다. 마음 한구석에는 예쁜 국어선생님에 대한 **연정**도 자리 잡았다. 한 편의 시를 통해 과거를 극복한 **연후**에 선규는 다시 시집을 끼고 사는 시인 지망생이 되었다.

어휘사용설명서

연루 아버지가 도난 사건에 연루되어 구속되었다.

　　　연루된 사람들이 전부 잡혀 들어갔다.

연명 생명 유지 장치에 의지해 생명을 연명하였다.

　　　이제 가망 없는 연명 치료는 그만 해주십시오.

연방 엉거주춤하니 서서 연방 같은 소리를 지껄였다.

　　　속이 안 좋은지 연방 방구를 뀌었다.

연서	장미꽃 향기가 묻은 연서를 눈물을 흘리며 읽었다.
	요즘 젊은이들은 연서를 보내고 받는 설렘을 모르지.
연연하다	돈에 연연하니까 뭘 해도 불안한 거야.
	과거에 연연하지 말고 이제 미래를 향해 나아가자.
연정	젊은 남녀가 서로 연정을 느끼는 거야 당연하다.
	나이 70에 연정을 느끼다니 조금 부끄럽구나.
연후	일이 닥친 연후에야 성공하리란 확신이 들었다.
	지침을 정확히 기억한 연후에 일을 시작하자.

漢字音 어휘사전

- **연루**連累 남이 저지른 범죄에 엮임.
- **연명**延命 괴로움을 견디며 목숨을 겨우 이어감.
- **연방**連方 잇따라서 자꾸.
- **연서**戀書 연애편지.
- **연연하다**戀戀~ 집착하여 미련을 보이다.
- **연정**戀情 이성을 그리워하고 사랑하는 마음.
- **연후**然後 끝난 뒤.

[어휘게임 1]

열화, 영락, 영물, 영험, 예견, 예사, 오열

선규는 엄마 말대로 공부만 하려고 했지만 시를 향한 **열화**와 같은 욕구를 억누르며 살기는 쉽지 않았다. 마음이 답답할 때면 **영락없이** 시집을 읽는 자신을 발견했다. 선규에게 시집은 영혼을 달래주는 **영물**이었고, **영험**한 효과를 발휘하는 치료약이었다. 이런 선규를 보다 못한 엄마는 선규가 없는 틈을 타서 집에 있던 시집을 모두 없애 버렸다. 사실 이 일은 충분히 **예견**된 일이었다. 어릴 때부터 엄마는 툭하면 선규가 소중히 하는 물건을 버리기 **예사**였기 때문이다. 엄마는 잘못했으니 벌 받아야 하고, 소중한 무언가를 잃는 것이 가장 큰 벌이라고 믿었다. 선규는 어느 때보다 **오열했다.** 세상이 다 무너진 기분이었다.

어휘사용설명서

열화 아빠는 열화와 같이 분노를 쏟아냈다.

열화와 같은 박수를 받으며 주연 배우가 입장했다.

영락없다 원숭이와 같이 있으니 영락없는 원숭이 형상이었다.

오늘도 영락없이 거짓 신고 전화가 걸려왔다.

영물 고양이는 영물이라 함부로 대하면 안 된다.

집안에서 오래도록 사용한 물건은 영물이다.

영험	할머니는 아침 기도가 주는 영험을 믿으셨다.
	우리 동네 약수는 영험하기로 소문이 났다.
예견	사고는 충분히 예견된 일이었다.
	내 예견은 틀린 적이 없다.
예사	눈살 찌푸리게 하는 일을 예사로 한다.
	그 어려운 3단 뛰기를 예사로 성공했다.
오열하다	꾹 참던 슬픔이 터져 나오자 끝없이 오열했다.
	영화 속 주인공이 오열하는 장면을 보고 나도 울었다.

漢字音 어휘사전

- **열화**熱火 　　뜨거운 불길이란 뜻으로 매우 격렬하게 일어나는 열정이
　　　　　　　　나 기운을 이르는 말.
- **영락없다**零落~ 　조금도 틀리지 않고 딱 들어맞다.
- **영물**靈物 　　신령스러운 물건이나 짐승.
- **영험**靈驗 　　바라는 대로 되는 신기한 경험을 함.
- **예견**豫見 　　앞날 일을 미리 알아챔.
- **예사**例事 　　흔히 있는 일.
- **오열하다**嗚咽~ 　슬픔이 복받쳐 목메어 울다.

[어휘게임 2]

오지, 오진, 옥고, 옥토, 옹색, 완강, 완충

선규는 **오지**에 홀로 버려진 아이처럼 우울에 빠졌다. 조금씩 하던 공부도 전혀 손에 잡히지 않았다. 엄마는 시집이 사라지면 공부에 집중할 거라고 믿었지만 그건 완벽한 **오진**이었다. 선규에게 시집이 없는 세상을 사느니 차라리 시집이 있는 감옥에서 **옥고**를 치르는 게 나았다. 시집이 있는 선규네 방은 영혼의 안식처요, 상상력을 키우는 **옥토**였지만 시집이 사라진 뒤로는 **옹색한** 황무지나 다름없었다. 엄마에게 시집을 되돌려달라고 수십 번 울며불며 부탁했지만 엄마는 **완강했다.** 시집이 사라진 뒤 선규와 엄마는 **완충** 지대가 없어 날마다 다퉜다.

어휘사용설명서

오지 강원도 오지라고 해도 전기는 들어옵니다.

세계 오지만 다니며 여행을 하고 싶다.

오진 지나치게 많은 환자를 살피다 보니 가끔 오진을 했다.

감기를 폐렴으로 오진해서 엉뚱한 약을 주었다.

옥고 모진 고문을 받고 끝내 옥고를 치렀다.

백범 김구는 독립운동을 하다 수많은 옥고를 치렀다.

옥토	왕씨 일가는 버려진 황무지를 옥토로 바꿔 놓았다.
	이왕이면 옥토에 씨를 뿌려야 하지 않겠는가?
옹색하다	집안 살림이 너무 옹색해서 대접할 게 없습니다.
	스크루지는 엄청나게 옹색한 늙은이였다.
완강하다	할머니는 병원에 가지 않겠다고 완강하게 고집을 부렸다.
	팔짱을 끼고 완강하게 저항하는 바람에 끌어내지 못했다.
완충	삼팔선은 미군과 소련군의 완충 지대였다.
	완충 장치가 좋아야 충격을 제대로 흡수한다.

漢字音 어휘사전

- **오지**奧地 　　도시에서 멀리 떨어진 외진 곳.
- **오진**誤診 　　병을 잘못 진단함.
- **옥고**獄苦 　　감옥살이를 하는 고생.
- **옥토**沃土 　　곡식이 잘 자라는 기름진 땅.
- **옹색하다**壅塞~ 　몹시 초라하고 가난하다. 마음이 좁고 치사하다.
- **완강하다**頑强~ 　뜻을 굽히지 않고 의지가 굳세다.
- **완충**緩衝 　　충격을 누그러지게 함.

[어휘게임 3]

외양, 요량, 요원, 요행, 용납, 우수, 우호

엄마가 시집을 압수한 지 한달이 지났다. 그리고 **외양**으로는 갈등이 사라졌다. 엄마는 선규를 달랠 **요량**으로 맛있는 음식도 더 많이 해주고, 멋진 옷도 많이 사주었다. 선규는 시집에 대한 말은 일절 안했다. 어차피 엄마가 자신의 의견을 들어 줄 가능성은 **요원했기** 때문이다. 처음엔 자신이 엄마 말을 충실히 따르면 **요행**이 시집 몇 권이라도 되돌려 받지 않을까 기대했지만, 시간이 지나면서 그런 기대도 완전히 접었다. 엄마는 공부에 방해된다고 판단하면 어떤 것도 **용납하지** 않았고, 앞으로도 그럴 것이다. 시집이 사라진 뒤 늘 **우수**에 젖어 지냈지만, 겉으로는 엄마에게 드러내지 않았고 **우호** 관계를 유지하는 척하며 다투지도 않았다.

어휘사용설명서

외양   정성을 많이 들여선지 외양이 상당히 멋지다.

　　　　외양은 그럴듯하지만 속은 부실했다.

요량   산에 빨리 오를 요량으로 발걸음을 재촉했다.

　　　　아무 요량 없이 덜컹 회사를 그만두면 어떻게 해?

요원하다	통일은 영영 요원한 일이 되는 걸까?
	요원하기만 해 보이던 동서화해가 성큼 다가왔다.
요행	어려운 여건에서도 요행이 좋은 집을 구했다.
	노력은 하지 않고 요행을 바라면 안 된다.
용납하다	다짐을 받고서야 마지못해 나를 용납해 주었다.
	실수는 용납하지만 거짓말은 용납 못한다.
우수	가을은 우수에 찬 남자들을 위한 계절이다.
	우수에 젖어 칭얼대지 말고 활짝 웃어라.
우호	노조에 우호적이면 안 될 이유라도 있습니까?
	갈등하던 두 나라는 우호 관계를 약속했다.

漢字音 어휘사전

- **외양**外樣   겉모양.
- **요량**料量   앞일을 잘 헤아려 생각함.
- **요원하다**遙遠~   아득히 멀다.
- **요행**僥倖   뜻밖에 얻는 행운.
- **용납하다**容納~   남의 실수나 잘못을 너그러이 받아들이거나 용서하다.
- **우수**憂愁   근심과 걱정.
- **우호**友好   서로 사이가 좋음.

[어휘게임 4]

우회, 운용, 운치, 울화, 원로, 위선, 위신

시집을 잃고 선규는 상상의 세계에 빠져들었다. 학교, 학원, 자기 방 어디에서든 상상에 빠져들었다. 시가 주던 편안함을 **우회해서** 즐기는 수단이 바로 상상이었다. 상상력을 잘 **운용하기**만 하면 시와 같은 효과를 발휘했다. 상상 속에서는 현실에선 즐기지 못하는 **운치**도 즐기고, 가슴 속에 쌓인 **울화**도 마음껏 폭발시켰다. **원로** 시인과 상상 속에서 만나기도 했다. 상상의 세상에는 **위선**에 가득 찬 사람들도 없었다. 자기 **위신**을 위해 아들을 로봇처럼 조정하려는 부모도 없었다. 상상 속 세상은 선규에게 멋진 도피처였다.

어휘사용설명서

우회하다　바른 길을 가야지 우회해서 갈 생각은 없다.

　　　　　　앞이 꽉 막혀서 다른 길로 우회해서 회사로 갔다.

운용하다　시간을 잘 운용해서 효율을 높여야 한다.

　　　　　　법을 누가 운용하느냐에 따라 결과는 아주 달라진다.

운치　　　지금은 이래도 학생 때는 나름대로 운치가 있었어.

　　　　　　사랑 고백을 할 때는 운치 있는 곳을 택해라.

울화 옛 어머니들은 참고 사느라 울화로 고생을 많이 하셨다.

울화가 치밀어 올라 그만 주먹을 휘둘렀다.

원로 원로 배우들만 나오는 프로그램이 인기를 끌었다.

원로 작가란 말이 무색하게 젊음이 넘치는 작품을 발표했다.

위선 연말연시에만 양로원을 찾으니 위선이라고 비난받는 것이다.

꼭 문제가 터지면 자원봉사를 한다고 위선을 떨어요.

위신 위신을 세우기 위해 겉을 번들번들하게 꾸몄다.

자녀들 앞에서는 아버지 위신을 세워주세요.

漢字音 어휘사전

- **우회하다**迂廻~   곧바로 가지 않고 돌아서 가다.
- **운용하다**運用~   무엇을 맞게 쓰거나 부리어 쓰다.
- **운치**韻致   은근하고 우아한 멋.
- **울화**鬱火   가슴에 맺힌 깊은 근심과 화.
- **원로**元老   한 가지 일을 오래하여 경험과 공이 많은 늙은이.
- **위선**偽善   속은 나쁜데 겉으로만 착한 체함.
- **위신**威信   남이 믿고 따를만한 훌륭한 모습.

[어휘게임 5]

위탁; 유구, 유대, 유려, 유망, 유보, 유약

상상의 세상은 점점 선규의 삶에 큰 부분을 차지했다. 선규는 모든 힘겨움을 상상의 세상에 **위탁**해 풀었다. 상상의 세상에선 마음대로 **유구한** 세월을 만들어낼 수 있기에 우울과 괴로움까지 상상의 시간이 흐르면서 약해졌다. 상상의 세상에 빠져들수록 선규는 현실과 **유대**가 약해졌지만 개의치 않았다. 특히 상상의 세상에서 펼쳐지는 **유려한** 시의 세계는 선규를 행복하게 했다. 선규는 상상의 세상에서 **유망한** 시인 지망생이었고, 수많은 시인들과 사귀었다. 그러나 현실이 바뀌진 않았다. 상상으로 도피는 현실의 고통을 잠시 **유보할** 뿐이었다. 상상의 세상은 갈수록 강함과 화려함을 뽐냈으나 현실의 현수는 갈수록 **유약하고** 무기력해졌다.

어휘사용설명서

위탁 가정 폭력에 시달리는 아이를 위탁할 가정을 찾았다.

위탁 판매 업체라 A/S가 좋지 않았다.

유구하다 우리나라는 반만년의 유구한 역사를 자랑한다.

추석은 유구한 세월 동안 지켜온 민족 전통이었다.

유대	서로의 처지를 이해하다 보니 유대가 깊어졌다.
	유대 관계를 돈독히 하기 위해 자주 만났다.
유려하다	어린이의 문장이 대학생보다 훨씬 유려하고 깔끔하다.
	유려한 말로 내 마음을 뒤흔들었다.
유망하다	앞길이 유망한 학생이 있으니 무엇이든 도와주시오.
	어린 시절부터 박지성은 유망한 축구 선수였다.
유보하다	결론을 잠시 유보하고 심사숙고해 봅시다.
	지금 유보해 봤자 달라질 건 없습니다.
유약하다	성격이 유약해서 장군이 되기는 어렵다.
	유약한 아이에게 시험은 과도한 스트레스를 준다.

漢字音 어휘사전

- **위탁**委託 남에게 어떤 일을 해달라고 책임을 맡김.
- **유구하다**悠久~ 까마득하게 오래다.
- **유대**紐帶 둘 이상이 서로 친밀하게 느낌.
- **유려하다**流麗~ 글이나 말 따위가 부드럽고 아름답다.
- **유망하다**有望~ 앞으로 잘될 희망이나 가능성이 있다.
- **유보하다**留保~ 어떤 일을 처리하지 않고 나중으로 미뤄 두다.
- **유약하다**柔弱~ 부드럽고 약하다.
- **유약하다**幼弱~ 어리고 약하다.

[어휘게임 6]

유예, 유의, 유장, 유착, 유폐, 유혈, 윤택

엄마도 처음에는 몰랐다가 선규가 늘 멍하게 지낸다는 걸 알아챘다. 몇 번 고치라고 잔소리를 하더니 "일주일의 **유예** 기간을 줄 테니 습관을 바꿔." 하고 최후통첩을 했다. 일주일이 가기도 전에 선규는 엄마 마음에 들게 행동했다. 그러나 속은 바뀌지 않았다. 엄마가 눈치 채지 못하게 더 **유의하며** 상상의 나래를 펼쳤다. **유장하게** 흐르는 상상의 세상은 이미 선규의 자아와 깊은 **유착** 관계를 맺었다. 선규는 엄마 몰래 점점 스스로를 상상의 세계로 **유폐**시켰다. 선규가 보기에 이 세상은 **유혈**이 낭자한 전쟁터였고, 겉만 **윤택**할 뿐 속은 썩은 과일이었다. 선규는 살아남기 위해 상상의 세상으로 피난을 떠났다.

어휘사용설명서

유예 출발을 유예한다고 상황이 변할까요?

처벌을 유예해 달라고 간청했다.

유의하다 불쾌감을 주는 일이 없도록 유의해 주세요.

이제부터 유의할 테니 다시 설명해 주세요.

유장하다 은하수는 하늘을 가로질러 유장하게 흐른다.

유장한 강물에 인공을 가하다니 무모한 짓이다.

유착   권력자와 부자들이 서로 유착하여 비리를 저질렀다.

           정경유착은 뿌리 뽑아야 할 범죄다.

유폐   남이 아니라 스스로 자신을 유폐시켰다.

           어린 왕은 궁궐에 유폐된 신세나 마찬가지였다.

유혈   유혈이 낭자하다는 말은 이럴 때 써야 한다.

           신문들은 광주에서 유혈 사태가 발생했다고 보도했다.

윤택   청소를 얼마나 열심히 했는지 가구에서 윤택이 난다.

           윤택한 집안에서 태어나 고생 없이 자랐네.

漢字音 어휘사전

- **유예**猶豫   망설여 뒤로 미룸. 실행 시간이나 날짜를 미룸.
- **유의하다**留意~   마음에 새겨 두어 조심하며 관심을 기울이다.
- **유장하다**悠長~   급하지 않고 느릿하다. 길고 오래다.
- **유착**癒着   서로 깊이 엉겨 붙음.
- **유폐**幽閉   아주 깊숙이 가두어 둠.
- **유혈**流血   피를 흘리는 것. 흘러나오는 피.
- **윤택**潤澤   반짝반짝 윤이 남. 살림이 넉넉함.

[어휘게임 1]

은덕, 음습, 음역, 응낙, 응분, 응수, 응시

성적은 곤두박질 쳤고 엄마는 선규가 여전히 공상에 빠져 산다는 사실을 알아챘다. 엄마는 배신감을 느꼈고 부모의 **은덕**도 모르는 못된 놈이라고 화를 냈다. 집안 분위기는 하루가 다르게 **음습해**졌다. 엄마의 입에서 나오는 **음역**의 폭은 갈수록 넓어지고, 음색은 거칠어졌다. 엄마는 이제 선규의 요구는 모두 **응낙**하지 않을 것이며, 엄마를 속인 잘못에 대한 **응분**의 대가를 치르게 하겠다고 다짐하고 또 다짐했다. 그러나 적절하게 **응수할** 방법이 없었다. 상상의 세계는 빼앗을 수도 없었고, 선규는 그 무엇도 요구하지 않았기 때문이다. 선규는 엄마가 야단을 치던, 협박을 하던, 가진 걸 빼앗아 가든 말없이 엄마를 **응시할** 뿐 아무런 대응을 안 했다. 철저한 무기력이었고, 무기력은 가장 강력한 무기였다.

어휘사용설명서

은덕   이 모든 게 조상님의 은덕입니다.

　　　선생님 은덕에 힘입어 좋은 학교에 입학했습니다.

음습하다   호랑이라도 나타날 듯한 음습한 풍경이었다.

　　　뒷골목은 음습해서 밤에는 들어가지 않았다.

음역	폭넓은 음역을 구사한 작곡으로 유명하다.
	박쥐의 음역과 인간의 음역은 전혀 다르다.
응낙	전제국가에서는 임금이 꼭 응낙해 주어야 한다.
	마지못해 응낙은 했지만 잘 되리라고 믿지는 않아.
응분	성취도에 따라 응분의 보상을 받는다.
	잘못을 했으니 응분의 대가를 받아야지.
응수하다	부장님의 지적에 날카롭게 응수하였다.
	그때 제대로 응수하지 못한 게 두고두고 후회스러워.
응시하다	묵묵히 앞쪽만 응시하고 앉아 있었다.
	날 응시하는 눈빛이 예사롭지 않았다.

漢字音 어휘사전

- **은덕**恩德 　　　 은혜로운 덕.
- **음습하다**陰濕~ 　그늘이 지고 축축해서 으스스한 기분이다.
- **음역**音域 　　　 목소리나 악기가 낼 수 있는 음의 넓이.
- **응낙**應諾 　　　 상대편 요구를 들어줌.
- **응분**應分 　　　 분수나 정도에 알맞음.
- **응수하다**應酬~ 　상대편이 한 말이나 행동을 되받아치다.
- **응시하다**凝視~ 　한 곳을 똑바로 바라보다.

[어휘게임 2]

의당, 의례, 의아, 의탁, 의표, 이기, 이단

부모들은 자식이 말을 안 들으면 애써서 혼자 해보려다가 **의당** 전문가의 도움을 받기 마련이다. 선규 엄마도 마찬가지였다. 방학 첫날 선규 엄마는 선규를 차에 태우고 낯선 곳으로 향했다. 선규는 정신과 아니면 상담하는 곳이겠거니 하며 통과 **의례**로 여기고 엄마가 끌고 가는 대로 따라갔다. 그런데 엄마가 간 곳은 정신과도 상담소도 아니어서 조금 **의아했다**. 엄마가 찾아 간 곳은 어느 벽촌의 전원주택이었고, 그곳에 사는 아줌마에게 선규를 **의탁**했다. 선규는 **의표**를 찔린 기분이 들었다. 멋진 전원주택임에도 어느 집에나 있는 문명의 **이기**는 거의 보이지 않아 이상한 기분이 들었다. 집 곳곳에 붙어 있는 수많은 그림과 글귀는 무슨 **이단** 종교와 같은 분위기를 풍겼다.

어휘사용설명서

의당   야단 쳐야 할 때는 의당 야단을 쳐야 한다.

　　　　의당 자식 된 도리를 다했을 뿐입니다.

의례   대학입시는 청소년이 겪어야 할 잔혹한 통과 의례다.

　　　　제사를 지내는 의례는 집안마다 조금씩 다르다.

의아하다	너무 조용히 있어서 의아하게 생각했다.
	조금 의아했지만 별다른 의심을 하지는 않았다.
의탁	권력자에 의탁해서 권세를 부리지 마라.
	힘들 때 의탁할 친구가 있다면 행복하겠어.
의표	질문이 의표를 찔러서 잠시 말문이 막혔다.
	그의 결정은 우리 모두의 의표를 찔렀다.
이기	문명의 이기를 제대로 사용할 능력이 있을까?
	컴퓨터와 스마트폰은 문명의 이기다.
이단	아들의 계획이 아버지에게는 이단으로 보였다.
	이단은 주류가 소수를 핍박할 때 사용하는 낙인이다.

漢字音 어휘사전

- **의당**宜當   이치에 따라 마땅히.
- **의례**儀禮   행사를 치르는 일정한 형식.
- **의아하다**疑訝~   의심스럽고 이상하다.
- **의탁**依託   도움을 받기 위해 몸을 맡김.
- **의표**意表   전혀 예상하지 못함. 보통 '찌르다'와 함께 쓴다.
- **이기**利器   쓸모가 많고 편리한 기계나 도구.
- **이단**異端   전통이나 권위에 반하는 견해나 믿음.

[어휘게임 3]

이변, 이정표, 이채, 이해타산, 이행, 인고, 인술

집안 곳곳에 붙은 글귀를 자세히 읽은 뒤 선규는 마음을 닫아걸었다. 모두 공부에 관한 글귀와 그림이었기 때문이다. 엄마는 공부하기 싫은 아이들에게 동기부여를 잘 해준다는 전문가를 찾아온 것이 분명했다. **이변**은 없었던 것이다. 엄마는 명문 대학이란 **이정표**를 세우고 선규를 몰아가는 몰이꾼 위치에 충실했다. 집안에 붙인 그림이 조금 **이채롭기**는 했지만 그 외엔 아무런 관심이 생기지 않았다. 꽤 큰돈을 지불하는 것 같은데 효과도 없을 곳에 돈을 쓰다니 엄마도 참 **이해타산**을 못한다고 속으로 비웃었다. "저와 몇 번 만나고 나면 약속은 반드시 **이행**하는 습관이 생길 겁니다. **인고**의 시간을 지내느라 고생하셨습니다. 아이들이 공부에 몰두하도록 마음의 전염병을 몰아내는 거야 말로 **인술**이지요. 이제 고생 끝났으니 걱정 마세요." 아줌마가 엄마에게 하는 말을 들으며 선규는 한없이 비웃었다. '그래 봐야 난 유폐된 시인일 뿐이야'

어휘사용설명서

이변 지구온난화로 기상 이변이 자주 일어난다.

약팀이 강팀을 꺾는 이변이 여러 번 발생했다.

이정표	고속도로 이정표를 보니 아직도 100km가 남았다.
	고생은 올해로 끝내고 내년에는 희망의 이정표를 만듭시다.
이채롭다	도심 한복판에 온통 공원이라니 정말 이채롭다.
	이채롭게도 떨어진 돈을 아무도 줍지 않았다.
이해타산	친구관계에서 이해타산을 따지면 꼴 보기 싫다.
	아무리 이해타산을 따져도 결론을 내기 힘들었다.
이행	더 이상 약속을 미루지 말고 이행해 주십시오.
	내일까지 이행하지 않으면 벌금을 물리겠습니다.
인고	인고의 세월을 이겨내고 지금까지 살아왔다.
	아들이 없었다면 지금까지 인고하며 살지 못했다.
인술	예부터 의술은 인술이라고 했다.
	허준은 인술을 펼쳐 수많은 백성을 구했다.

漢字音 어휘사전

- **이변**異變　　뜻밖에 벌어진 사태.
- **이정표**里程標　　길을 찾기 쉽게 알려주는 표지판.
- **이채롭다**異彩~　　특이하고 색다르다.
- **이해타산**利害打算　이익이 될지 손해가 될지 따져 봄.
- **이행**履行　　하기로 한 일을 실제로 함.
- **인고**忍苦　　괴로움을 참고 견딤.
- **인술**仁術　　사람을 살리는 어진 기술. 의술을 달리 이르는 말.

인습, 인접, 인지도, 인지상정, 인파, 인척, 인편

엄마는 선규를 인사시켰다. 선규는 고개도 숙이지 않고 멀뚱히 쳐다봤다고 엄마한테 야단을 맞았다. '어른한테 무조건 절해야 한다는 **인습**은 도대체 왜 생긴 거야' 속으론 이런 항변이 솟구쳤지만 입술을 움직이고 싶지는 않았다. 그나저나 **인접**한 곳에 집 한 채 없는 산골에 아줌마는 왜 자리를 잡은 걸까? 엄마는 늘 어느 분야나 꽤나 **인지도**가 높은 사람을 선택하는데, 이 아줌마는 얼마나 유명할까? 이런저런 궁금증이 생기는 게 **인지상정**이었지만 선규는 황급히 올라오는 궁금증을 털어버리려 애썼다. 아줌마는 선규에게 뭐라고 한참 이야기했다. 선규는 겉으로만 듣는 척했다. 한 시간도 안 지났는데 지겨워져서 평소엔 지긋지긋하게만 여기던 도심의 **인파**가 그립기까지 했다. "엄마와 먼 **인척**이신 분이야. 이 분야 전문가이신데 특별히 널 위해 부탁드린 거니까 잘 해. 여긴 전화도 인터넷도 안 되니까 혹시 연락하려면 선생님께 부탁해서 **인편**으로 연락해." 엄마는 선규를 남겨두고 떠났다.

어휘사용설명서

인습 낡은 인습을 타파하지 않으면 새 세상은 오지 않는다.
언제까지 지역감정이란 그릇된 인습에 얽매이실 겁니까?

인접	고향이 인접한 곳으로 거처를 옮겼다.
	인접 지역에서 폭탄이 터지는 소리가 들렸다.
인지도	공항패션으로 대중적인 인지도를 확보했다.
	정치인은 나쁜 짓을 해서라도 인지도를 높이려고 한다.
인지상정	이웃이 굶으면 음식을 나누는 게 인지상정이다.
	큰 병이 들면 큰 병원을 찾는 게 인지상정 아닐까요?
인파	인파에 밀려 정신없이 옮겨 다녔다.
	동해안 일출을 보려고 수많은 인파가 몰려들었다.
인척	권력자는 인척을 조심해야 한다.
	알고 보니 먼 인척 관계였다.
인편	증조할머니는 인편에 안부를 자주 전했다.
	좋아하는 남자에게 인편으로 선물을 보냈다.

漢字音 어휘사전

- **인습**因襲   예부터 내려오는 낡은 풍습.
- **인접**引接   가까이 붙어 있음.
- **인지도**認知度   사람들이 알아보는 정도.
- **인지상정**人之常情   사람이면 누구나 드는 마음.
- **인파**人波   사람의 물결. 수많은 사람들.
- **인척**姻戚   결혼으로 맺은 친척.
- **인편**人便   오가는 사람 편.

일관, 일괄, 일념, 일면식, 일색, 일선, 일신

아줌마가 이런저런 말을 건넸지만 선규는 **일관**되게 침묵을 지켰다. 앞에 앉은 사람은 아줌마지만 실제로는 엄마와 마찬가지였기 때문이다. "스스로를 방어하기 위해 애쓰는구나." "방어요?" 선규는 무심결에 대답하고 말았다. "그래 방어. 네 행동과 심리는 **일괄**해서 방어란 말에 담을 수 있지." 선규는 움찔했다. "넌 너 자신을 지키겠다는 **일념**으로 무기력을 택했어. 좋은 방어 수단이지." 선규는 **일면식**도 없던 아줌마가 자기 속마음을 꿰뚫고 들어오자 어찌할 바를 몰랐다. "요즘은 다 너 같은 애들 **일색**이지. 내가 학교 **일선**에 있을 때만 해도 이 정도는 아니었거든." 학교 선생님이란 말에 선규는 조금 금이 가던 방어벽을 단단히 다졌다. 선생님들은 다 똑같기 때문이다. "네 또래 아이들이 **일신**의 안녕을 유지하기 위해 가장 편하게 쓰는 방법이 바로 무기력이지." 선규는 방어벽을 높이 올렸지만 '어쩌면?' 하는 약간의 기대감까지 누르진 못했다.

어휘사용설명서

일관 어릴 때나 지금이나 일관된 자세를 유지했다.

일관해서 일할 자신이 없으면 처음부터 맡지 마라.

일괄   가게 물건을 일괄로 넘겼다.

        12월 31일에 모든 법안을 일괄 처리했다.

일념   새해 첫 일출을 보겠다는 일념으로 차를 몰았다.

        사랑을 얻겠다는 일념으로 고백을 수십 번 했다.

일면식 일면식도 없던 할아버지와 아이들이 어느새 친하게 지냈다.

        일단 아는 체를 했는데 알고 보니 일면식도 없는 사이였다.

일색   전국 어느 도시를 가나 아파트 일색이다.

        7시가 되자 온 세상이 주황 일색으로 물들었다.

일선   지금은 취재 일선에서 물러나 편집장을 맡고 있다.

        일선에서 뛸 때는 진보적이었는데 지금은 완전히 변했다.

일신   일신의 편안함만 구하는 사람과 사귀지 마라.

        급변하는 세상에서는 일신을 보존하기 어렵다.

漢字音 어휘사전

- **일관—貫**   처음부터 끝까지 한결같음.
- **일괄—括**   여러 가지를 한 데 묶음.
- **일념—念**   오직 한 가지 생각.
- **일면식—面識** 서로 한 번 만나 인사나 나눈 정도로 조금 아는 것.
- **일색—色**   하나로만 이루어진 특색이나 풍경.
- **일선—線**   어떤 일을 하는 가장 앞자리.
- **일신—身**   자기 한 몸.

[어휘게임 6]

일원, 일임, 일조, 일주, 일확천금, 입문, 잉태

"너도 알다시피 우리 집 **일원**에 인가라곤 없어. 너희 엄마는 나에게 너를 한 달 동안 완전히 **일임**하셨고. 네가 용기 있게 사는데 내가 **일조 하면** 좋겠지만 솔직히 네 상태를 보니 조금 막막하구나." 선규는 경계 를 늦추지 않았지만 이 아줌마는 엄마나 기존 선생님 같은 부류는 아 니라는 막연한 기대감이 들었다. "일단 이 동네를 알아야 하니까 나가 자. 우리 집 근처를 **일주**하는 길이 있는데 아주 좋아." 선규는 아줌마 를 따라 나섰다. 길은 참 예뻤다. "변화란 **일확천금**을 노리듯 하면 안 돼. **입문**하자마자 무언가를 이루려는 성급함이 일을 그르치지. 느릿느 릿 하다보면 어느새 변화의 씨앗이 **잉태**되지. 그때부턴 햇살과 물만 주 면 돼." 선규는 아줌마의 말에서 시의 향기를 느꼈다. "내가 요즘 쓴 시가 있는데, 한 번 들어 볼래?" 선규는 시라는 말에 온 신경이 곤두 섰다.

어휘사용설명서

일원   1980년 5월, 광주 일원에서 시위가 발생했다.

기상청은 충청도 일원에 대설 경보를 내렸습니다.

일임	숙제 검사를 내게 모두 일임하셨다.
	내게 일임했지만 혼자 감당하기엔 부담스럽다.
일조하다	내 헌혈이 치료에 일조했다니 너무나 기쁘다.
	범인 검거에 일조한 분께 사례금을 드립니다.
일주	중국을 일주하며 별의별 사람을 다 만났다.
	제주도 일주 계획을 세웠는데 잘 될까?
일확천금	사람들은 일확천금을 노리고 카지노로 모여들었다.
	로또를 살 때마다 일확천금을 꿈꿨다.
입문	아카데미에 입문하자마자 뛰어난 재능을 뽐냈다.
	이 책이 경제학 입문서로는 너무 어렵지 않나요?
잉태	새 생명을 잉태하니 저절로 감사한 마음이 들었다.
	고난 속에서도 희망을 잉태했다.

漢字音 어휘사전

- **일원**—圓　　일정한 범위의 지역 전체.
- **일임**—任　　일을 고스란히 다 맡김.
- **일조하다**—助~　어느 정도 도움을 주다.
- **일주**—周　　일정한 곳을 한 바퀴 돎.
- **일확천금**—攫千金　단번에 큰돈을 얻음.
- **입문**入門　　배우는 길에 처음 들어섬.
- **잉태**孕胎　　임신. 어떤 사태나 현상이 안에서 생겨남.

[어휘게임 1]

자각, 자괴감, 자멸, 자명, 자문, 자양분, 자자

선규가 **자각**하지 못했지만 '시'란 말을 들었을 때 내면의 방어벽이 와르르 무너지기 시작했다. 아줌마가 시를 암송하는데 그동안 시와 너무 멀리 떨어져 살았다는 **자괴감**이 올라와 눈이 시큰거렸다. 자기 안에서 **자멸**해 버린 시들이 안타까워 미칠 지경이었다. "슬픔이 복받쳐 오르는 것이 **자명한데도** 울지 않으려고 애쓰는구나." 아줌마의 말은 참 따뜻했다. "너에게 **자문**해 보렴. 그렇게 억누르는 것이 진정 너를 위하는 일인지." 아줌마가 선규를 가만히 안아 주었다. 짧은 순간이었지만 아줌마가 자신을 아끼고 진심으로 위해주는 감정을 선규는 충분히 느꼈다. 그 진심이 **자양분**이 된 것일까? 선규는 마음의 응어리를 풀려는 듯 폭풍우처럼 울음과 고백을 토해냈다. "상상의 나라에서는 시인으로 명성이 **자자한** 네가 현실에선 시를 누리지 못하니 얼마나 답답했겠니." 선규는 아무 말도 못하고 그저 온몸으로 울고, 또 울었다.

어휘사용설명서

자각 자기 위치를 자각한 뒤에 겸손하게 행동했다.

자각 증상을 느꼈을 때는 이미 병이 깊어진 뒤였다.

자괴감	짝사랑을 못 이루자 지독한 자괴감에 빠졌다.
	자괴감이 들지 않도록 자존감을 더 키워야 한다.
자멸	지금처럼 환경을 파괴하다가는 인간은 자멸하고 만다.
	로마는 외부 공격이 아니라 내부 문제로 자멸했다.
자명하다	진실 보도는 신문기자의 사명임이 자명하다.
	자명한 사실을 감추려는 의도가 뻔히 보인다.
자문	고난을 겪어도 신념을 지킬지 자문해 보았다.
	아무리 자문해 보아도 옳고 그름을 판단하기 어려웠다.
자양분	독서는 내 작가 생활의 가장 큰 자양분이었다.
	풍부한 자양분 덕인지 꽃이 활짝 피었다.
자자하다	도둑을 맞았다는 소문이 자자했다.
	칭찬은 자자했지만 정말 그런지는 모르겠다.

漢字音 어휘사전

- **자각**自覺 　무언가를 스스로 깨달음.
- **자괴감**自愧感 　스스로 부끄러워하는 마음.
- **자멸**自滅 　자기 스스로 망함.
- **자명하다**自明~ 　아주 분명하다.
- **자문**自問 　자신에게 질문함.
- **자양분**滋養分 　생명이 살아가는 데 필요한 영양분.
  　정신의 성장에 도움을 주는 것들을 비유하는 말.
- **자자하다**藉藉~ 　여러 사람 입에 오르내리려 떠들썩하다.

자초, 자태, 작심, 작위, 잔재, 잔정, 잠식

"이제 괴로움을 **자초하지** 말고 시를 누려." "그래도 될까요?" 선규가 울먹거리며 말했다. "그럼, 되고말고. 여기서 넌 자유야." 눈물이 그렁그렁한 선규 눈에 비친 아줌마의 **자태**는 눈이 부셨다. "자, **작심**을 했으니 지금 당장 시를 읽어 볼까?" "지금요?" "그럼!" 아줌마는 어떤 **작위**도 느껴지지 않는 환한 웃음을 지으며 선규를 끌었다. "엄마는 시가 성공을 위해선 버려야 할 낡은 **잔재**라고⋯⋯." 선규가 머뭇거리자 "시는 훌륭해!" 하며 아줌마는 강하게 선규를 끌었다. 집 한 쪽 방이 서재였는데 놀랍게도 선규의 사라진 시집들이 한 귀퉁이를 차지하고 있었다. "아! 내 분신들~! 어떻게?" "너희 엄마가 **잔정**이 없으셔서 그렇지 널 진심으로 사랑하시거든." 선규는 뭔가 앞뒤가 안 맞는다고 여겼지만 잃어버린 시집을 다시 만났다는 반가움이 정확한 판단력을 **잠식**해 버렸다.

어휘사용설명서

자초하다   무모한 사업을 벌여서 위험을 자초했다.

괜한 어려움을 자초하지 말고 쉽게 가자.

자태   황진이야 고운 자태에 무너지지 않는 남자가 없었다.

           황금빛으로 피어나는 자태가 그지없이 향긋하구나.

작심   나는 작심을 하고 쏘아붙였다.

           이번 겨울에는 스키를 배우겠다고 작심했다.

작위   부드러운 글이 작위적인 글보다 훨씬 낫다.

           작위로 가득 찬 행동이 꼴사나웠다.

잔재   지금이라도 일제 잔재를 청산해야 합니다.

           지역갈등의 잔재가 우리나라 정치 발전을 가로막는다.

잔정   할아버지는 엄격해서 잔정을 드러내지 않았다.

           원래는 잔정이 많으신 분인데 힘든 일을 많이 겪으셔서 그래.

잠식   거대 유통업체가 소상공인의 영역까지 잠식했다.

           우리말이 외래어에 무섭게 잠식당하고 있다.

漢字音 어휘사전

- **자초하다**自招~   나쁜 일을 스스로 생기게 하다.
- **자태**姿態   보기에 정말 아름다운 모습.
- **작심**作心   마음을 단단히 먹음.
- **작위**作爲   잘 보이기 위해 일부러 하는 행위.
- **잔재**殘滓   생활이나 사회에 남아 있는 과거의 낡은 찌꺼기.
- **잔정**-情   자잘한 정.
- **잠식**蠶食   조금씩 침략하여 먹어 들어감.

장거, 장관, 장황, 재기, 재색, 재현, 저의

시집을 다시 만난 건 선규에게 대단한 **장거**였다. 다시 만난 시집 속에 담긴 세상은 이루 표현할 수 없는 **장관**이었다. 시를 읽을 때마다 선규는 **장황**하게 시를 소개하고, 자기 느낌을 설명했다. 예전의 선규로 완벽하게 **재기**한 모습을 보여주었다. 아줌마는 시종일관 진지하게 선규 말에 귀를 기울였다. 선규는 처음 인상과 달리 아줌마가 **재색**을 갖춘 분으로 보였다. 선규는 처음 시를 만났을 때를 **재현**하다 환한 웃음을 터트렸다. 얼마만의 웃음인지 몰랐다. 한참 시에 관한 대화를 나누다 아줌마가 선규에게 아빠에 대해 물었다. "저희 아빠는 왜요? 아빠에 대해 궁금하세요?" 선규 말에서는 지금까지와 다른 경계심이 묻어났다. "너를 더 잘 이해하려면 아빠를 알아야 할 것 같아서. 별다른 **저의**는 없어."

어휘사용설명서

장거 안중근 의사는 독립운동 역사에서 큰 장거를 이루었다.
자기를 이겨내는 일이야 말로 가장 위대한 장거다.

장관 금강산은 빼어난 장관을 자랑했다.
폭포와 바위가 어우러진 장관에 입이 떡 벌어졌다.

장황하다   자기 사업이 잘 될 거라는 말을 장황하게 늘어놓았다.

             선생님의 말씀이 너무 장황하여 학생들이 지겨워했다.

재기   실패를 딛고 재기에 성공했다.

             이번에도 재기한다면 기적이다.

재색   현주는 재색을 겸비한 아리따운 아가씨였다.

             재색을 갖춘 양반 댁 따님이어서 곱게 자랐다.

재현   옛 모습을 그대로 재현해 놓은 학습장이 인기를 끌었다.

             범죄 현장을 재현해보니 무죄임이 드러났다.

저의   다분히 도전적인 저의가 느껴지는 말이었다.

             넌 도대체 무슨 저의로 그런 말을 하는 거야?

漢字音 어휘사전

- **장거**壯擧   훌륭하고 큰 계획이나 일.
- **장관**壯觀   훌륭하고 멋진 광경.
- **장황하다**張皇~   매우 길고 번거롭다.
- **재기**再起   실패했다가 다시 일어섬.
- **재색**才色   여자가 지닌 재주와 미모.
- **재현**再現   다시 나타남. 또는 다시 나타냄.
- **저의**底意   겉으로 드러나지 않고 속에 품은 생각.

[어휘게임 4]

전근, 전담, 전락, 전모, 전복, 전언, 전용

자신을 더 잘 알고 싶다는 말에 선규는 경계심을 풀고 아빠에 대해 솔직하게 털어 놨다. "아빠는 이곳저곳으로 **전근**을 많이 다니셔서 별로 얼굴을 못 봐요. 아빠는 자동화 공정 시스템을 개발·관리하는 일을 **전담**하는데, 그 일을 대체할 사람이 많지 않기 때문이래요. 제가 보기에 아빠는 일의 노예로 **전락했어요.** 물론 제가 아빠 일의 **전모**를 알지는 못해요. 그렇지만 아빠 정도면 이런 지긋지긋한 일상의 **전복**을 시도할 만한데 절대 그렇게 안 해요. 제가 여러 번, 여러 방법으로 **전언**을 했지만 아빠는 들은 척도 안했어요. 근무 시간 중에는 단 1분도 사적인 일에 **전용하면** 안 된다는 고리타분한 원칙주의자시죠." 선규는 아빠에 대한 불만과 바람을 한참이나 털어놓았다.

어휘사용설명서

전근   지방으로 전근하기를 강력히 희망했다.

　　　　선생님이 전근을 가신 뒤에 소식이 끊겼다.

전담   마약 전담 수사반에서 근무를 했다.

　　　　메시를 전담해서 막으라는 임무를 주었다.

전락하다 주변인으로 전락한 사람들은 자존감이 매우 낮다.

사업에 실패하고 거지로 전락할 줄 누가 알았겠는가?

전모 무엇이 두려워서 범죄 집단의 전모를 밝히지 않습니까?

사건의 전모가 드러나자 모두들 경악했다.

전복 학생만으로 정부 전복을 기도하다니 너무 무모하다.

체제 전복을 노리는 세력이 있다고 대대적으로 선전했다.

전언 도발하는 뜻을 담은 전언을 남겼다.

동생의 전언을 듣고 나는 곧바로 시골 아버지께로 갔다.

전용하다 세금을 사적인 곳에 전용하다 들통이 났다.

농업용지를 공업용지로 전용하는 절차를 밟았다.

漢字音 어휘사전

- **전근**轉勤   일터를 다른 곳으로 옮김.
- **전담**專擔   어떤 일을 전문으로 맡음.
- **전락하다**轉落~   나쁜 상태에 빠지다.
- **전모**全貌   전체 모습이나 내용.
- **전복**顚覆   차나 배 따위가 뒤집힘. 사회체제나 정권을 뒤집어엎음.
- **전언**傳言   전하는 말. 말을 전함.
- **전용하다**轉用~   정해진 데가 아니라 다른 데로 돌려 쓰다.

[어휘게임 5]

전제, 전파, 접경, 정련, 정분, 정설, 정연

아줌마는 **전제** 없이 선규를 대했다. 엄마의 요구를 따르지 않으면 기존에 누리던 모든 권리가 **전파될까** 봐 전전긍긍하던 선규에게는 낯선 경험이었다. 아줌마네 집은 국립공원에 **접경**한 곳이라 주변을 산책하며 시를 쓰기에 좋았다. 철광석을 **정련**해 금속을 만들듯 선규는 평범한 일상 하나하나를 시로 정련해 나갔다. 선규는 말 그대로 시와 **정분**이 났다. 시와 정분이 나니 시가 더욱 좋았고, 즐거웠다. 더구나 아줌마는 선규가 **정설**로 믿고 있는 수많은 작품의 해석을 전혀 다른 각도로 해주어서 선규의 식견을 넓혀주었다. 아줌마의 설명은 너무나 **정연해서** 머리에 쏙쏙 들어왔다. "이 시간이 오래도록 계속되면 좋겠어요." 선규는 진심으로 원했다.

어휘사용설명서

전제   평가를 전제로 하는데도 글이 솔직해서 마음에 든다.

        노사는 전제 조건 없이 협상에 임했다.

전파되다   차량이 전파되었음에도 멀쩡히 살아 나왔다.

        평양 시내는 거의 전파되다시피 하여 건물 하나 보이지 않았다.

접경	휴전선 접경 마을이라 환경훼손이 거의 없다.
	소백산맥 접경인 문경을 지나 상주로 향했다.
정련	콜탄을 정련하면 나오는 탄탈륨은 휴대전화에 꼭 필요하다.
	철광석을 정련하기 위해서는 높은 온도가 필요하다.
정분	남들은 몰랐지만 둘 사이 정분이 아주 깊었다.
	정분이 나자 주위 시선은 아랑곳 않고 연애를 하였다.
정설	아인슈타인은 그때까지 정설로 여기던 뉴턴의 이론을 무너뜨렸다.
	발해가 우리 역사임이 정설로 자리잡았다.
정연하다	논리가 지나치게 정연해서 반박할 틈이 없었다.
	복잡하고 혼란스러울수록 정연한 태도를 유지합시다.

漢字音 어휘사전

- **전제**前提 무언가를 하기에 앞서 먼저 내세우는 것.
- **전파되다**全破~ 전부 파괴되다.
- **접경**接境 경계가 서로 맞닿음. 또는 그 경계.
- **정련**精鍊 광석에 있는 금속을 뽑아내 불순물을 없애고 깨끗하게 만드는 일.
- **정분**情分 사귀어서 든 정.
- **정설**定說 대다수 사람들이 옳다고 여기는 학설.
- **정연하다**井然~ 짜임새가 있고 이치에 맞다.
- **정연하다**整然~ 질서 있고 가지런하다.

[**어휘게임 6**]

정중, 정진, 정처, 정평, 정혼, 정화, 정황

"이 시간이 오래도록 지속되길 바라면 **정중하게** 나에게 부탁해 봐." "그래 봐야 불가능하잖아요." "무슨 일이든 하나의 일에 **정진하면** 해답이 보이기 마련이야. 난 이 시간을 오래 누리는 방법을 찾아 **정처** 없이 떠돌다 결국 방법을 찾았지." 선규는 아줌마의 말을 농담 같았지만 지푸라기라도 잡는 심정으로 이 시간이 오래도록 지속되길 바란다고 빌었다. 선규가 빌고 나자 아줌마는 커피를 내왔다. "우리 집 커피는 맛있기로 **정평**이 나 있어. 이 커피를 마시다 **정혼**한 애인을 잃어버리고 갔다는 전설도 전해지지." 선규는 독특한 커피 향에 이끌렸다. "마시면 마음이 **정화**될 거야." 커피가 온 몸을 편안하게 만들었다. "집에 가면 일단 열심히 공부해. 그럼 엄마가 그동안의 **정황**을 묻진 않을 거야. 네가 잘 지내면 다시 나를 만날 기회가 올 거야." 며칠 뒤 선규는 집으로 돌아갔고 엄마 말에 충실히 따랐다. 어느 날 선규는 아줌마가 주었던 커피 향을 만났다. 커피 향을 좇아가니 〈어휘를 파는 카페〉 앞이었다.

•어휘사용설명서

정중하다 학원 선생님께 정중하게 인사를 올렸다.

청소부 아주머니께 정중한 사과를 드렸다.

정진하다 학업에 정진한 끝에 박사가 되었다.

자기 일에 묵묵히 정진하는 자세가 참 보기 좋아요.

정처 정처 없이 걷다가 마침 닿은 곳이 동물원이었다.

나그네처럼 정처 없이 떠돌며 살 수는 없다.

정평 음식 맛이 좋기로 이 동네에서 정평이 나 있었다.

소탈하기로 정평이 난 선생님이었지만 잘못에는 엄격했다.

정혼 군대에 가기 바로 전에 정혼을 했다.

정혼한 여자를 버리고 부잣집 여자를 선택했다.

정화 오염물질이 넘쳐나니 바다가 정화 능력을 잃어 버렸다.

사회 정화를 한답시고 삼청교육대를 운영했다.

정황 갈등이 벌어진 앞뒤의 정황을 잘 기록하였다.

여러 가지 정황으로 미루어 볼 때 양보가 바람직하다.

漢字音 어휘사전

- **정중하다**鄭重~ 태도나 분위기가 점잖고 예의바르다.
- **정진하다**精進~ 온 정성으로 노력해서 나아가다.
- **정처**定處 머무는 곳.
- **정평**定評 많은 사람이 다 인정하는 평가와 판단.
- **정혼**定婚 혼인하기로 약속함.
- **정화**淨化 더러운 것을 깨끗하게 함.
- **정황**政況 일이 생긴 사정과 상황.

:4부:

내 어휘로 만들지 못하면,
내 삶의 시간도 사라진다

아이들은 왜 〈어휘게임〉에 빠졌나?

오늘은 게임이 끝나도 카페 주인이 바로 밀어내지 않았다. 그 대신 커피 한 잔을 더 내왔다. 여주인은 내 앞에서 커피 향을 음미하며 커피를 느릿느릿 마셨다. 나는 조급한 충동을 억누르기 위해 억지로 커피를 마셨다. 한 모금이 들어가니 조급함이 사라졌고, 다시 한 모금이 들어가니 냉정한 판단력이 돌아왔다.

선규가 나온 영상 속 아줌마는 바로 카페 주인이었다. 카페 주인은 선규가 겪은 모든 일을 알고 있었다. 선규의 내면에서 벌어진 상상까지도 전부 알고 있었다. 시를 향한 열정, 상상의 세계로 도피하기, 상속 속 세상에서 벌어진 일, 엄마에 대한 분노와 절망도 모두 알고 있었기에 그것들을 자신이 목적한 걸 이루기 위해 써먹었다. 심지어 엄마가 쓰레기통에 버린 시집까지 전부 되살려서 선규에게 선물했다.

나는 영상에서 보지 못한 선규의 뒷이야기를 짐작할 수 있었다. 선규는 아줌마, 그러니까 카페 주인으로 인해 자기 방어와 무기력에서 벗어나 시인이 되는 꿈을 키워나가게 된다. 엄마에겐 공부 열심히 하는 모습을 보여준다. 그리고 〈어휘를 파는 카페〉에서 〈어휘게임〉을 하면서 자신에게 필요한 시간을 번다. 그 시간을 이용해 시인의 꿈을 무럭무럭 키운다. 공부는 보통 시간에 충분히 하니 엄마에게 미움받을 일이 없다. 선규가 혼자 있을 때 자기가 벌어들인 시간을 마음껏 사용해 시집을 읽고 시를 읽는다. 어쩌면 이 주인과 함께 시집을 읽고, 시를 즐겼을지도 모른다. 그러다 탈이 났을 것이다. 시에 빠져서 너무 오래 시간을 썼고, 시간 속에 갇히게 된 것이다. 그러니까 '어디에 있는지'라고 묻지 말고, '언제에 있는지'라고 물어야 한다는 카페 주인의 말은 타당하다.

나는 내 추리를 담담히 들려주었다. 카페 주인은 틀렸다는 말을 하는 대신 내 커피 잔에 커피 한 잔을 더 따라 주었다. 향이 참 매혹적이었다.

이 커피, 이 커피가 문제다. 커피에 마법의 힘이 담겨 있다. 그래서 모두에게 커피 향이 났던 것이다. 나도 이 커피를 마셨다. 그렇다면 나도 이 카페 주인이 펼친 마법의 사슬에 걸려든 것이다. 나만 커피 향을 맡았던 것도 다 이유가 있었다. 두려움에 떨면서도 커피를 다시 마셨다. 그만큼 커피의 유혹을 참기가 힘들었다.

"무시무시하군요. 선규의 약점을 파고들다니. 어떻게 그런 교묘한 짓을 한 거죠?"

"그게 왜 약점을 파고든 거고, 교묘한 짓인지 모르겠네. 난 선규가 꼭 필요한 걸 줬을 뿐이야. 바로 전제 조건 없는 사랑, 자신이 좋아하는 걸 인정해주기, 그리고 정말 좋아하는 걸 함께 나누기. 이보다 더한 사랑이 있을까? 선규는 만족했고, 지금도 후회하지 않을 거야."

"선규가 후회하지 않을 거라는 걸 어떻게 확신하죠?"

"선규 엄마가 어떤 사람인지 보았잖니. 선규 엄마는 자식을 도구로 취급했어. 도구로 취급하는 인간을 어머니라 불러야 할까? 어머니와 떨어진 지금이 선규에겐 행복일 거야. 나는 선규에게 진짜 사랑이 무언지, 진짜 자기 삶이 무엇인지 경험하게 해줬고, 선규는 지금도 그

걸 만족하게 여기고 있을걸. 그리고 거듭 말하지만 선규는 지금도 행복하게 지내고 있단다."

지금, 그래 지금? 선규의 지금은 도대체 어떤 시간일까?

"선규는 지금 어떤 시간에 머무는 거죠?"

카페 주인이 그때까지 들고 있던 커피 잔을 내려놓더니 바짝 내 앞으로 다가들며 말했다.

"이번엔 제대로 질문하는구나. 하지만 질문의 대상이 틀렸어. 내가 그걸 답해줄 거라 믿니? 그걸 왜 나에게 묻지? 나를 범죄자 취급하는, 자칭 프로파일러가 해결해야 할 과제 아닌가?"

카페 주인은 무서운 여자였다. 아니 어쩌면 여자가 아닌지도 모른다. 사람인지, 마법사인지, 마녀인지, 천사인지, 악마인지, 그 정체가 무엇인지 전혀 모른다. 내가 감당할만한 상대가 아님은 분명했다.

그 순간에 멈춰야 했다. 그냥 손을 떼야 했다. 그러나 커피 향은 여전히 나를 유혹했고, 사건을 해결하고 싶은 내 욕망은 무섭도록 타올랐다. 카페 주인의 말이 맞았다. 사람은 자기 하고 싶은 일을 해야 한다. 나는 프로파일러가 꿈이고, 내 앞에 벌어진 실종 사건을 해결하겠다는 의지로 불타올랐다. 위험하더라도 내 삶을 걸만한 가치는 충분했다.

이제 실종자는 두 명 남았다. 민정과 수혜, 둘은 또 어떤 사연으로 〈어휘를 파는 카페〉에 왔고, 또 어떻게 사라진 걸까? 나는 그날도 집에서 책을 읽으며 내 시간을 즐겼고, 짜릿한 기쁨을 만끽했다.

그다음 날엔 좀비처럼 커피 향에 이끌려 〈어휘를 파는 카페〉로 찾아들었다. 예상대로 이번 〈어휘게임〉에는 수혜와 민정이가 나타났다.

내 시간을 살고 싶다면
위험을 감수해야 한다

조달, 조망, 조신, 졸렬, 종용, 좌초, 주선

수혜 부모님은 수혜가 공부 안 하고 놀기만 해도 잔소리 한 마디 없다. 논다고 잔소리는 안하시지만 최소한의 용돈 외에는 돈을 주시지 않는다. 그러다보니 노는데 필요한 돈을 **조달**하기가 쉽지 않다. "오늘은 성공해야 하는데." 수혜는 혼자 중얼거리면서 **조망**이 좋은 자기 방에서 최대한 **조신한** 옷을 골라 입었다. 그동안 부모님께 별의별 **졸렬한** 방법을 다 써서 돈을 얻어냈지만 더 이상 통하지 않았다. 차라리 부모님이 공부하라고 **종용하기**라도 하면, 공부를 지렛대 삼을 수 있기에 가끔은 부모님이 너무 관대한 것도 불만이다. 용돈 벌이를 위해 아르바이트 자리를 얻으려 여러 번 시도했지만 번번이 나이에 걸려 **좌초**되었다. 수혜가 평소와 달리 조신한 옷차림을 하는 이유는 아는 언니가 **주선해** 주는 아르바이트 자리를 알아보기 위해서다. "오늘은 성공해야 할 텐데." 수혜는 착한 표정을 지어 보이려 애썼다.

어휘사용설명서

조달 정부에 조달하는 상품은 품질이 뛰어나야 한다.

가난한 형편에 학비 조달이 정말 힘들다.

조망	전망대에 올라 우포늪을 한 눈에 조망했다.
	우리 집은 조망은 좋지만 조금 시끄러워.
조신하다	어머니는 언제나 조신하고 예의바르게 말씀하셨다.
	그만 떠들고 조신하게 굴면 안 되겠니?
졸렬하다	아무리 경쟁하는 사이지만 졸렬하게 대하지는 말자.
	돈 쓸 때 졸렬하게 구는 남자는 딱 질색이야.
종용하다	집에 오자마자 학원에 가라고 종용하였다.
	나이든 직원이라고 퇴직을 종용하면 안 된다.
좌초	유조선이 태안 앞바다에서 좌초했다.
	여러 사업을 벌였지만 그때마다 좌초하고 말았다.
주선하다	온갖 거래를 주선해 준 덕택에 인심을 많이 얻었다.
	교수님이 내 취직자리를 주선해 주셨다.

漢字音 어휘사전

- **조달**調達　필요한 물건 따위를 대주는 말.
- **조망**眺望　먼 곳을 바라봄. 멀리 보이는 경치.
- **조신하다**操身~　몸가짐이 조심스럽고 얌전하다.
- **졸렬하다**拙劣~　말이나 하는 짓이 유치하고 쩨쩨하다.
- **종용하다**慫慂~　어떤 일을 하라고 설득하고 권하다.
- **좌초**坐礁　배가 바위에 걸려 꼼짝 못함. 일이 어려움에 빠짐.
- **주선하다**周旋~　일이 잘되도록 중간에서 여러 가지로 애를 쓰다.

[어휘게임 2]

준칙, 중론, 즐비, 증폭, 지당, 지병, 지성

"우리는 알바는 웬만하면 10대는 쓰지 않는다는 **준칙**이 있어. 부탁을 받기는 했지만 여전히 우리 직원들의 **중론**은 별로 바람직하지 않다는 의견이야." 수혜는 식탁과 의자들이 **즐비한** 실내를 보았다. '이번에도 실패네. 혹시나 했는데.' 자신도 모르게 가는 한숨을 길게 내뱉자 실망감이 **증폭**하며 울컥 눈물이 나올 뻔했다. "너무 고리타분하고 **지당한** 말일 뿐이라 거부감이 들지도 모르겠지만, 부모님이 **지병**을 앓거나 해서 어쩔 수 없이 일해야 하는 경우가 아니라면 공부에 전념하는 게 좋아." 지배인은 거부 의사를 분명히 했다. 수혜는 기대를 접었다. 아무리 **지성**으로 부탁해 봐도 안 될 게 분명했다.

어휘사용설명서

준칙 기자는 기자로서 지켜야 할 준칙이 있다.

보편적 준칙으로서 타당한지 검토하고 따라야 한다.

중론 마을 사람들의 중론을 모아보니 대체로 반대 의견이었다.

중론을 따르기보다는 내 소신대로 행동하겠습니다.

즐비하다 간판이 즐비한 거리는 겉으로는 화려해 보였다.

대한민국 도시는 어딜 가나 아파트만 즐비하다.

증폭	좋은 감정보다는 나쁜 감정이 증폭되기 쉽다.
	초기 에너지를 크게 증폭시키자 효율이 훨씬 좋아졌다.
지당하다	네 말이 지당하긴 한데 듣는 나는 왜 이리 기분 나쁘냐?
	어른들이야 늘 반박하기 어려운 지당한 말씀만 하시지.
지병	지병을 껴안고 살다보니 꿋꿋하던 성격이 변하셨어.
	말 못할 지병을 앓는다기에 걱정했는데 괜찮다니 다행이다.
지성	아빠 구두를 아침마다 지성으로 닦았다.
	지성이면 감천이라 했는데 좋은 결과가 올 거야.

漢字音 어휘사전

- **준칙準則** 따라야 할 기준이 되는 규칙이나 법칙.
- **중론衆論** 여러 사람의 의견.
- **즐비하다櫛比~** 빗살처럼 빽빽하게 늘어서 있다.
- **증폭增幅** 생각이나 사물의 테두리가 늘어나 커짐.
- **지당하다至當~** 지극히 당연하게 옳다.
- **지병持病** 오랫동안 잘 낫지 않는 병.
- **지성至誠** 더할 나위 없이 큰 정성.

[어휘게임 3]

지척, 지천, 지탄, 직면, 직성, 직시, 진부

그때 **지척**에 서 있던 검은 옷을 입은 남자가 전화를 받더니 지배인에게 무언가 귀엣말을 했다. "**지천**에 널린 알바 지원자들을 놔두고 하필……." 지배인은 누군가를 **지탄**하는 듯한 말을 뇌까렸지만 명확히 알아듣기는 힘들었다. "일을 하다보면 별의별 상황에 다 **직면하게** 돼. 본인 **직성**에 맞지 않아도 꾹 참고 예의를 다해야 하기도 하고." 수혜는 갑자기 변한 분위기에 얼떨떨했다. "일을 시작하기 전에 현실과 자신을 정확히 **직시할** 필요가 있어. 요즘 10대들은 끈기가 없어서 어려움을 이겨내지 못하지. 학생은 힘들어도 할 수 있겠나?" 수혜는 속으로는 '참 **진부한** 아저씨네.' 하며 비웃었지만 겉으로는 살짝 미소를 지으며 "네!" 하고 또렷하게 대답했다. 이곳이 노래방이라면 몇 시간이고 기쁨의 노래를 부르고 싶은 심정이었다.

어휘사용설명서

지척 아저씨는 바로 지척에 있는 나무 밑에서 울먹이셨다.
고향을 지척에 두고도 분단 때문에 가지 못하다니.

지천 지천으로 널린 질경이가 몸에 좋다니 안 믿겨지네.
봄이 오니 민들레가 지천으로 고개를 내밀었다.

지탄	재판을 받지도 않았는데 무조건 지탄해도 되는 걸까?
	지탄의 대상이 되었다 해도 인권을 보장해 줘야 한다.
직면하다	갈등이 생기면 피하지 말고 직면해야 해결할 수 있다.
	큰 위험에 직면할 때에야 비로소 용기의 수준이 드러난다.
직성	사랑한다고 고백하고 나니 직성이 풀린다.
	내 직성에 맞지 않는 일을 하느라 애를 먹었다.
직시하다	이대로 대량소비를 계속하지 못한다는 현실을 직시하자.
	한계를 직시하지 못하면 더 이상 성장은 없다.
진부하다	학원 선생님은 입만 열면 진부한 이야기만 늘어 놔.
	21세기에 19세기에나 어울리는 진부한 논리를 펴다니.

漢字音 어휘사전

- **지척**咫尺　　아주 가까운 거리.
- **지천**至賤　　매우 흔함.
- **지탄**指彈　　잘못을 꾸짖으며 손가락질 함.
- **직면하다**直面~　　직접 맞닥뜨리다.
- **직성**直星　　타고난 성질이나 성미.
- **직시하다**直視~　　진실을 똑바로 보다.
- **진부하다**陳腐~　　생각, 말, 행동 따위가 낡아서 새롭지 못하다.

[어휘게임 4]

진수, 진위, 진중, 진척, 질곡, 질책, 집대성

지배인은 미덥지 않은 얼굴로 수혜에게 여러 가지를 물었지만 수혜는 끝까지 착한 연기의 **진수**를 보여주었다. 평소 수혜를 아는 사람이라면 당연히 수혜가 하는 말의 **진위**를 의심했겠지만, 수혜를 전혀 모르는 지배인은 **진중하고** 조신하게 답변하는 수혜를 성실한 학생으로 판단했다. 일은 빠르게 **진척**되었다. 지배인은 근무규칙과 조건을 설명했고, 근로계약서까지 작성하게 했다. "학생은 지금 무조건 기뻐하겠지만 이런 일이 **질곡**이 되기도 해. 일을 하다보면 이런저런 **질책**을 당하는 경우도 많고." 지배인은 유난히 질곡이란 단어에 힘을 주었다. '어휴, 또 잔소리, 완전 진부한 윗세대를 **집대성해** 놓은 사람이구만!' 수혜는 잔소리 그만하라고 쏘아붙이고 싶었지만 드디어 자기 손으로 돈을 번다는 기쁨의 힘으로 불만을 꾹꾹 눌러 담았다.

어휘사용설명서

진수 추사 김정희는 서예의 진수를 보여 주었다.

양자역학의 진수도 모르면서 아는 체를 했다.

진위 소문의 진위를 가리기 위해 조사를 시작했다.

반성했다는 말의 진위를 의심했지만 일단 받아들였다.

진중하다	사람됨이 진중해서 참 믿을 만하다.
	진중한 성격인 줄 알았는데 알고 보니 방정맞네.
진척	상부에 진척 사항을 보고하자 칭찬이 쏟아졌다.
	열심히 일해도 일은 별 진척을 보이지 않았다.
질곡	범죄의 질곡에 빠져 나쁜 짓을 서슴없이 저질렀다.
	나를 얽매던 질곡에서 빠져나오니 정말 행복하다.
질책	신랄한 질책을 듣고 나니 일할 의욕이 싹 사라졌다.
	동생을 때렸다고 엄마에게 호되게 질책을 들었다.
집대성하다	정약용은 실학을 집대성한 대학자다.
	민간요법을 집대성한 책을 발간했다.

漢字音 어휘사전

- **진수**眞髓 　사물이나 현상의 본바탕을 이루는 핵심.
- **진위**眞僞 　참과 거짓. 진짜와 가짜.
- **진중하다**鎭重~ 　사람이 무게가 있고 점잖다.
- **진척**進陟 　일이 바라는 방향대로 진행되어 감.
- **질곡**桎梏 　자유를 누리지 못하고 고통 받는 상태.
- **질책**叱責 　호되게 꾸짖어 나무람.
- **집대성하다**集大成~ 　여럿을 한 데 모아 하나의 체계로 완성하다.

[어휘게임 5]

차출, 차치, 착안, 참작, 채근, 책망, 처사

"오늘부터 아르바이트 가능한가?" 지배인이 물었다. "네? 오늘이요? 아! 네!" 지배인은 수혜의 답변을 듣자 곧바로 직원 중에 한 명을 **차출해서** 수혜를 가르치라고 지시했다. 수혜는 '네!'라고 답변은 했지만 곧바로 일을 하는 상황은 **차치하더라도** 옷이 일하기에 너무 불편해서 머뭇거렸다. 수혜는 옷의 불편함에 **착안해** 바로 일하기는 어렵다고 말했다. "걱정 마. 네 복장을 **참작해서** 오늘은 말로만 일을 가르쳐 줄테니까. 넌 듣고 지켜보기만 하면 돼." 지배인은 간단히 수혜의 말을 무시하고, 차출한 직원에게 빨리 데리고 가서 일을 가르치라며 **채근했다.** 이런 상황에선 지배인을 **책망해** 봐야 소용이 없다. 수혜는 지배인의 **처사**가 불만이었지만 다른 말은 않고 일단 따르기로 했다. 어쨌든드디어 그렇게 바라고 바라던 아르바이트 자리를 얻지 않았는가?

어휘사용설명서

차출하다 정예 요원을 차출해 재해 복구 현장에 보냈다.

나이가 들었지만 경험 많은 선수를 국가대표에 차출했다.

차치하다 소음 공해야 차치하더라도 폐수는 처벌해야 하지 않을까요?

거짓말은 차치한다 해도 도둑질을 용서하진 못해.

착안하다	양극과 음극의 원리에 착안하여 전자계산기를 개발했다.
	건들면 미친 듯이 화를 내는 성질에 착안해 일부러 도발했다.
참작하다	개인차를 십분 참작해서 역할을 맡겼다.
	수학 실력이 약한 점을 참작해서 과외 시간을 조절했다.
채근하다	달라고 자꾸 채근해야 떡 하나라도 더 준다.
	5분도 안 지났는데 또다시 와서 열심히 일하라고 채근했다.
책망하다	일이 모두 틀어지자 자기 잘못이라고 책망했다.
	엄마가 책망할까 두려워 집에 들어가지 않았다.
처사	성과에 따른 보상은 당연한 처사였다.
	불평등한 처사에 반발해 대규모 시위를 일으켰다.

漢字音 어휘사전

- **차출하다**差出~   어떤 일을 시키기 위하여 사람을 뽑다.
- **차치하다**且置~   내버려 두고 문제 삼지 않다.
- **착안하다**着眼~   문제를 풀어내는 실마리를 잡다.
- **참작하다**參酌~   이리저리 잘 살펴 사정을 고려하다.
- **채근하다**採根~   어떻게 행동하기를 따지어 독촉하다.
- **책망하다**責望~   잘못을 꾸짖거나 나무라며 못마땅해 하다.
- **처사**處事   일을 처리함. 또는 그런 처리.

[어휘게임 6]

처신, 척도, 척박, 천박, 천성, 천시, 천인공노

"여기서는 어떤 상황에서도 공손하게 **처신**해야 해." 수혜는 자신을 이끄는 직원의 명찰에 적힌 김수민이란 이름을 힐끗 봤다. 자기에게도 저런 명찰이 생기는 걸까? "이 안에서는 손님을 바깥의 **척도**로 판단하면 안 돼. **척박한** 곳에서 남들이 **천박하다**고 손가락질 받으며 일하는 사람도 여기에서는 손님이요 왕이야. 꼴사나운 사람 보면 못 참는 **천성**이 있더라도 여기선 참아. 손님을 **천시**하는 것은 그 어떤 경우에도 절대 금지야. 손님이 **천인공노**할 짓을 하지 않는 한 무조건 웃으면서, 손님을 왕으로 모셔. 이게 무엇보다 중요해. 알았지?" 불만이 생기면 곧바로 쏟아내는 수혜에게는 달갑지 않은 지시가 분명했지만 살짝 미소를 지으며 다소곳이 고개를 끄덕였다.

어휘사용설명서

처신　　화가 날수록 침착하고 부드럽게 처신해야 한다.

　　　　평소에 처신이 바르지 못했으니 나쁜 일이 생길 수밖에 없다.

척도　　많은 재산을 성공의 척도로 삼아서는 안 된다.

　　　　갈수록 미의 척도가 다양성을 잃고 획일화 된다.

척박하다   척박한 땅에서 살아남으려면 치열해야 한다.

                입시 교육으로 인해 독서 문화가 척박하게 변했다.

천박하다   할 짓이 없어서 천박하게 사기나 치고 다니니?

                어느 잔치에 갔더니 날 천박한 사람 취급하더라.

천성   어울리기보다 혼자 일하는 것이 내 천성에 더 맞다.

                어머니는 천성이 순하셔서 이웃에게 늘 친절하셨다.

천시   예전에는 남자가 미용사를 하면 천시하였다.

                모진 천시와 구박 속에서도 꿋꿋하게 내 길을 갔다.

천인공노   광주에서 일어난 천인공노할 학살을 잊으면 안 된다.

                생명을 해치는 짓은 천인공노할 범죄다.

漢字音 어휘사전

- **처신**處身   살아가면서 그때그때 올바르게 해야 할 몸가짐이나 태도.
- **척도** 尺度   평가하거나 측정할 때 가늠하는 기준.
- **척박하다**瘠薄~   땅이 거칠고 메마르다. 인정이 몹시 없다.
- **천박하다**淺薄~   말이나 생각이 얕고 천하다.
- **천성**天性   본래 타고난 성격이나 품성.
- **천시**賤視   업신여겨 하찮게 여김.
- **천인공노**天人共怒   하늘과 사람이 함께 화낼 만큼 큰 분노.

[어휘게임 1]

천직, 철칙, 첨예, 첩경, 청탁, 초래, 초면

김수민은 이곳저곳을 돌아다니며 설명을 했고, 조심해야 할 사항을 수십 가지나 늘어놓았다. 김수민이 하는 걸 보니 선생이 딱 **천직**이란 생각이 들었다. 무슨 **철칙**은 그리도 많은지 수혜는 머리가 지끈거렸다. "외식 산업은 수많은 업체들이 경쟁하는 **첨예한** 전쟁터야. 너의 작은 잘못이 회사에 엄청난 피해를 입힐 수 있다는 점을 잊지 마. 미리미리 철저히 준비하는 것이 실수를 안 하는 **첩경**이야." 김수민은 수혜에게 50여 개가 넘는 종업원 규칙이 적힌 종이를 건네주었다. 규칙이 50여 개라니, 이걸 다 외우고 완전히 익히려면 학교에서도 안 한 공부를 해야 할 판이었다. "여기엔 없지만 우리끼리 불문율이 있어. 절대 윗사람에게 **청탁**하지 않기. 만약 개인적인 청탁을 하다 드러나면 그로부터 **초래하는** 모든 일은 다 너의 책임이야. **초면**인 너에게 심한 말인 줄은 알지만……, 감당하기 힘든 일을 겪을 거야." 수혜는 김수민의 눈빛에서 섬뜩한 기운을 느꼈다.

어휘사용설명서

천직   할아버지는 농업을 천직으로 여기며 평생을 사셨다.

아이들의 해맑은 웃음을 접한 뒤 난 교사가 천직임을 깨달았다.

철칙	어떤 경우에도 매를 들지 않겠다는 철칙을 세웠다.
	지휘관은 무조건 복종은 철칙이라며 거듭 강조했다.
첨예하다	여당과 야당이 임금 인상을 놓고 첨예하게 대립했다.
	첨예한 갈등을 해결하려면 진솔한 대화가 필요하다.
첩경	짝사랑이야말로 성숙한 인간이 되는 첩경이다.
	공부를 잘하는 첩경 따위는 없다.
청탁	정당한 경쟁이 아니라 윗사람에게 청탁해서 이기려 하다니!
	부당한 청탁은 어떤 경우라도 거부하십시오.
초래하다	전자 기술 발전이 급속한 변화를 초래하였다.
	갈등을 초래한 원인이 무엇인지 먼저 밝혀야 합니다.
초면	초면이었지만 같은 고향이라고 반갑게 인사했다.
	두세 명을 제외하고는 전부 초면이었다.

漢字音 어휘사전

- **천직**天職 하늘이 주신 직업. 자기한테 꼭 맞는 직업.
- **철칙**鐵則 반드시 지켜야 하는 중요한 규칙.
- **첨예하다**尖銳~ 맞서는 상황이라 사태가 날카롭고 거칠다.
- **첩경**捷徑 지름길.
- **청탁**請託 무언가를 해달라고 남에게 부탁함.
- **초래하다**招來~ 어떤 결과를 불러오게 하다.
- **초면**初面 처음 보는 얼굴. 처음 만나는 처지.

[어휘게임 2]

초석, 초야, 초연, 초입, 초주검, 총기, 총칭

　　무슨 일을 하든 **초석**을 잘 놓아야 하는 법이다. 김수민이 종업원들을 소개해 준다고 할 때 수혜는 이 말을 몇 번이나 되뇌었다. 수혜는 자신이 **초야**에 묻혀 있던 고수라도 되는 양 **초연하게** 보이려고 애썼다. 만남 **초입**이니 만큼 부드러운 인상을 심어주고 싶었다. 처음에 어긋난 관계로 인해 **초주검**이 되었던 끔찍한 경험을 했던 수혜는 늘 처음이 조심스러웠다. 수혜는 학교에서는 전혀 찾아 볼 수 없던 **총기** 어린 눈을 반짝이며 종업원들의 이름과 인상을 기억하려고 애썼다. 그런데 직책을 외우기가 까다로웠다. 그냥 **총칭**해서 '누구 씨', '무슨 님'이라고 부르면 될 텐데, 직급에 따라, 맡은 일에 따라 호칭이 가지각색이었다. 더구나 모든 호칭이 영어라 머리가 터질 지경이었다.

어휘사용설명서

초석　　정도전은 조선 건국의 초석을 놓았다.

　　　　어떤 일이든 먼저 초석을 단단하게 다지고 시작하세요.

초야　　초야에 묻혀 사는 어진 선비를 찾아서 등용해야 합니다.

　　　　조식은 벼슬을 버리고 초야에서 후학을 양성하며 지냈다.

초연하다	어떤 시련이 와도 초연하게 대처했다.
	윤봉길 의사는 죽음 앞에서도 초연했다.
초입	마을 초입부터 일부러 엉엉 울면서 들어왔다.
	겨울 초입인데 벌써 매서운 한파가 몰아쳤다.
초주검	지주에게 따지러 갔던 허서방이 초주검이 되어 돌아왔다.
	초주검이 될 지경이었지만 포기하지 않았다.
총기	어릴 때는 총기가 있다는 말을 종종 들었다.
	우리나라 학교의 학생들 눈에서 총기가 사라졌다.
총칭	전남, 광주, 전북을 총칭해서 호남이라 부른다.
	필기구란 연필, 볼펜, 사인펜 등을 총칭한 개념이다.

漢字音 어휘사전

- **초석**礎石   주춧돌. 어떤 일의 밑바탕.
- **초야**草野   풀이 무성한 들이란 뜻으로 '외진 시골'을 가리킴.
- **초연하다**超然~   어떤 상황에도 아랑곳하지 않고 의젓하다.
- **초입** 初入   골목이나 마을 따위를 들어가는 어귀. 일을 시작하는 첫 머리.
- **초주검**初--   거의 다 죽게 된 상태. 피곤해서 꼼짝도 못하는 상태.
- **총기**聰氣   영리하고 총명한 기운.
- **총칭**總稱   두루 모아 한 가지로 부름.

[어휘게임 3]

추모, 추앙, 추정, 축원, 춘추, 출정, 출타

영업 시작 시간이 가까워지자 지배인이 전 종업원을 불러 모았다. 흰색 셔츠에 검은 정장을 입은 종업원들이 한 군데 모이니 어딘지 엄숙한 **추모**식 같은 분위기가 났다. 지배인은 열심히 사명감, 서비스 정신 따위의 말을 늘어놓았고, 종업원들은 지배인을 **추앙하는** 자세로 열심히 들었다. 수혜는 답답해 미칠 지경이었다. **추정**하건데 다른 사람들도 속으론 자신과 비슷할 것이다. 다들 얼른 저 잔소리가 빨리 끝나길 간절히 **축원**하고 있을 터였다. 종업원 중에는 **춘추**가 제법 되어 보이는 분도 계셨는데 오랜 시간 반듯한 자세로 듣기가 버거워 보였다. 지배인의 잔소리 연설이 끝나자 드디어 영업의 **출정**을 알리는 음악이 울렸다. 지배인은 연설을 마치자마자 **출타**한다면서 레스토랑을 나갔다.

어휘사용설명서

추모 문인들이 모여 박완서 선생님을 추모했다.

끊임없는 추모 행렬에 눈물이 저절로 흘렀다.

추앙하다 선비들은 매화, 난초, 국화, 대나무를 사군자라 하여 추앙했다.

우리는 이순신 장군을 민족의 영웅으로 추앙한다.

추정   전염병의 원인이 소의 사료에 있다고 추정했다.

            비록 추정이긴 하지만 과식이 병의 원인이라고 봐.

축원   대학에 합격하게 해달라고 정성으로 축원하였다.

            간절한 축원에도 투쟁은 실패로 끝나고 말았다.

춘추   어르신 올해 춘추가 어찌 되십니까?

            나는 조심스럽게 그분의 춘추를 여쭈었다.

출정   이번 출정에서 살아 돌아올 수 있을지 걱정입니다.

            이순신 장군은 출정하기 전에 반드시 적의 정보를 수집했다.

출타   몇 번을 방문했지만 출타 중이라는 답변만 돌아왔다.

            아버지는 회사를 그만 둔 뒤에도 아침이면 늘 출타하셨다.

漢字音 어휘사전

- **추모**追慕   죽은 사람을 그리워하며 생각함.
- **추앙하다**推仰~   높이 받들어 우러러보다.
- **추정**推定   확실하지 않지만 미루어 판단함.
- **축원**祝願   소망이 이루어지길 몹시 원하여 빎.
- **춘추**春秋   어른의 나이를 높여 이르는 말.
- **출정**出征   군에 입대하여 싸움터에 나감. 군대를 보내 전쟁을 함.
- **출타**出他   집에 있지 않고 다른 곳으로 나감.

[어휘게임 4]

출품, 충당, 치부, 치중, 치하, 침탈, 칩거

　　일하는 모습을 지켜보라기에 수혜는 현관만 보며 멀뚱멀뚱 서 있었다. 입구 양쪽엔 전시회에 **출품**해도 될 만한 작품들이 손님들을 맞이할 준비를 하고 있었다. 입구 쪽 인테리어는 무언가 부족해 보였는데 작품들이 부족한 부분을 **충당해** 주었다. 작품 몇 개 있고 없고가 사소하다고 **치부할** 수도 있겠지만, 확실히 작품으로 인해 따뜻한 느낌이 들었다. 손님이 오기 전까지 수혜는 종업원들이 하는 일을 관찰하는데 **치중했다.** 손에 메모지와 필기구를 들고 꼼꼼히 메모했다. 언제 들어왔는지 지배인이 뒤에서 수혜가 들고 있는 메모지를 들여다보고는 자세가 좋다고 **치하했다.** 순간적으로 수혜는 지배인이 개인적인 메모를 들여다본 것이 사생활을 **침탈**당한 듯해 언짢았으나 애써 마음을 고쳐먹었다. 사무실로 들어간 지배인은 **칩거**한 채 영업이 끝날 때까지 밖으로 나오지 않았다.

어휘사용설명서

출품　　서예전시회에 출품하기 위해 정성껏 글씨를 썼다.

　　　　　이 작품이 출품작 중에서 표현력이 가장 뛰어납니다.

충당하다   부족한 운영비는 후원회비로 충당하였다.

　　　　　　아르바이트를 해서 학비를 충당했다.

치부하다   짓궂은 장난질쯤으로 치부하고 넘어가 주었다.

　　　　　　중요하지 않다고 치부했지만 큰 실수였다.

치중하다   내면보다 외모 가꾸기에 치중하는 풍토다.

　　　　　　지식에만 치중하고 정서를 기르지 않으니 큰 문제다.

치하하다   임금은 승리에 공헌한 장수들을 치하했다.

　　　　　　장군은 앞에서는 치하했지만 뒤로는 이를 갈았다.

침탈   일제가 조선의 국권을 침탈했다.

　　　　　　주권자로서 침탈당한 권리를 되찾아야 한다.

칩거   직장을 잃은 뒤 칩거하며 지냈다.

　　　　　　오랜 칩거 끝에 대단한 소설을 선보였다.

漢字音 어휘사전

- **출품**出品　　전시회나 대회에 작품을 내어놓음.
- **충당하다**充當~　　부족한 돈이나 물건을 채워 넣다.
- **치부하다**置簿~　　마음속으로 어떠하다고 여기다.
- **치중하다**置重~　　어떠한 것에 중점을 두다.
- **치하하다**致賀~　　칭찬하다. 윗사람이 아랫사람에게 칭찬하다.
- **침탈**侵奪　　침략하여 빼앗음.
- **칩거**蟄居　　밖에서 활동하지 않고 집 안에만 틀어박혀 지냄.

[어휘게임 5]

쾌거, 쾌재, 타개, 타진, 탐닉, 태곳적, 토로

"내일부터 유니폼 입고 본격적으로 일할 거니까 아르바이트 시간 잘 맞춰 와." 김수민의 환한 배웅을 뒤로하며 아르바이트 첫날을 마쳤다. 거리를 걷는데 올림픽에서 메달을 딴 **쾌거**라도 이룬 듯 기분이 붕붕 떴고, 절로 **쾌재**의 미소가 피어올랐다. 그동안 용돈 부족을 **타개하기** 위해 애썼던 날들이 주마등처럼 스쳐 지나갔다. 아르바이트 자리를 구하기 위해 이곳저곳을 **타진하며** 얼마나 애타했던가? 이제 그런 고통은 끝났다. 앞으로 아르바이트를 하며 돈을 버는 일을 마음껏 **탐닉해** 보고 싶었다. 가던 걸음을 멈추고 뒤돌아서서 자신이 일하게 된 패밀리 레스토랑을 바라봤다. 간판도, 건물도 마치 **태곳적**부터 자신과 함께 한 것처럼 정이 갔다. 수혜는 친구 민정에게 전화를 걸었다. 그동안 마음고생과 오늘의 기쁨을 마음껏 **토로하고** 싶었기 때문이다.

어휘사용설명서

쾌거 4회 연속 금메달을 따는 쾌거를 이룩했다.

이번 쾌거는 올 한해 회원 모두가 노력한 덕분입니다.

쾌재	성공해서 귀향할 때 쾌재의 웃음을 노골적으로 드러냈다.
	싫어하던 애가 다치자 나는 속으로 쾌재를 불렀다.
타개하다	어려움을 타개할 방법을 함께 찾아봅시다.
	수비 불안을 타개할 묘책을 찾지 못해 고심했다.
타진하다	조심스레 입양 가능성을 타진해 보았다.
	제안을 수락할 가능성을 타진했지만 속내를 알지 못했다.
탐닉하다	그 선비가 지나치게 유흥을 탐닉했던 이유가 드러났다.
	게임에 탐닉하느라 시간 가는 줄 몰랐다.
태곳적	태곳적부터 그곳에 자리한 듯 자연스러웠다.
	금강산은 태곳적부터 뛰어난 절경을 뽐냈다.
토로하다	우리끼리 불만을 토로해 봤자 아무 소용이 없었다.
	관공서에 가서 환경오염으로 인한 고통을 토로했다.

漢字音 어휘사전

- **쾌거**快擧 　 아주 멋지고 장한 일.
- **쾌재**快哉 　 마음먹은 대로 잘되어 만족스럽게 여김.
- **타개하다**打開~ 　 어려운 일이나 막힌 일을 잘 해결해 나가다.
- **타진하다**打診~ 　 남의 속마음이나 사정을 미리 살펴보다.
- **탐닉하다**耽溺~ 　 어떤 일을 몹시 즐겨서 거기에 빠지다.
- **태곳적**太古- 　 아득한 옛적.
- **토로하다**吐露~ 　 속마음을 그대로 드러내어 말하다.

[어휘게임 6]

토벌, 통감, 통고, 통사정, 통탄, 퇴락, 퇴색

"찌질이들 단체로 **토벌**이라도 했냐? 뭐가 그리 신나는데?" 수혜의 들뜬 목소리를 들은 민정이의 첫 반응이었다. 그러나 수혜로부터 아르바이트 자리를 구한 이야기, 오늘 하루 일한 이야기를 듣고는 함께 들떴다. "나도 아르바이트 못 구해서 애타하던 고통을 **통감해** 봤잖아. 진짜 축하해! 첫 알바비 받으면 나한테 즉각 **통고해라!**" "당연하지. 그날 신나게 놀아보자." 수혜는 자기 못지않게 기쁨을 나눠주는 친구가 더없이 고마웠다. "야, 근데, 나도 어떻게 거기 안 되겠냐? 편의점은 너무 힘들어." "나도 겨우 됐어." "야, 그러지 말고 어떻게 네가 **통사정**하면 안 될까?" 수혜는 지배인 이야기를 하며 불가능함을 거듭 강조했다. "어휴, 천하의 임수혜가 그 정도도 못하다니 **통탄할** 노릇이다. 임수혜가 언제부터 아르바이트 자리 하나에 벌벌 떨 정도로 **퇴락했냐?**" 수혜는 갑자기 기쁨이 **퇴색하고** 민정의 농담에 화가 났다.

어휘사용설명서

토벌   베트콩을 토벌할 목적으로 고엽제를 하늘에서 마구 뿌렸다.
                최무선은 화포를 개발해 왜적을 토벌했다.

통감하다	유혹을 참아내는 어려움을 통감했다.
	식민지 백성으로 사는 고통을 통감해 봐야 한다.
통고	거래처에 통고하자 일이 바로 해결됐다.
	마감이 모레인데 오늘에서야 통고를 받았다.
통사정	제발 천만 원만 빌려달라고 통사정을 하였다.
	수십 번 통사정을 했지만 기회를 주지 않았다.
통탄하다	우리나라에는 제대로 된 지도자가 없다고 통탄했다.
	국권을 빼앗기고도 통탄하지 않는 자가 누구더냐?
퇴락하다	음침하고 퇴락한 폐교에서 마치 귀신이 나올 듯하였다.
	한때는 잘나갔지만 지금은 퇴락하여 비참하게 산다.
퇴색하다	비바람에 기왓장 빛깔도 퇴색하여 추하기 그지없었다.
	퇴색한 명분을 내세우며 똥고집을 부렸다.

漢字音 어휘사전

- **토벌**討伐   군대를 동원해 쳐 없앰.
- **통감하다**痛感~   마음에 사무치게 느끼다.
- **통고**通告   서류나 말로 소식을 전하여 알림.
- **통사정**通事情   딱하고 안타까운 처지를 솔직히 털어놓고 말함.
- **통탄하다**痛歎~   몹시 슬퍼하고 안타까워하다.
- **퇴락하다**頹落~   낡아서 무너지고 떨어지다. 지위나 수준 따위가 뒤떨어지다.
- **퇴색하다**褪色~   빛이나 색이 바래다. 낡거나 몰락하여 볼품없이 되다.

[어휘게임 1]

퇴행, 투사, 투서, 파장, 판로, 판이, 패소

민정은 **퇴행**한 듯 어리광 조로 수혜에게 한참 칭얼거렸다. 그동안 편의점에서 알바를 하며 받은 고통을 수혜에게 **투사**하는 듯했다. 수혜가 힘써보겠다는 말을 하지 않으면 지배인에게 수혜를 비방하는 **투서**라도 보낼 기세다. 수혜는 입을 앙다물었다. 이대로 민정의 불만을 방치하면 앞으로 큰 **파장**이 일어날 게 분명하기 때문이다. 이럴 땐 지혜가 필요하다. 새로운 애인을 얻기 위해서는 작은 위선이 불가피하고, 새로운 **판로**를 개척하기 위해서는 조금은 과장이 필요한 법이다. "네가 정 그렇다면 한 번 사정해 볼게. 하지만 결과는 장담 못해." 수혜가 이렇게 말하자 민정의 태도는 조금 전과 **판이하게** 달라졌다. 코맹맹이 소리까지 내며 수혜를 추켜세웠다. 전화를 끊은 뒤 수혜는 친구 관계라는 재판에서 완벽하게 **패소** 판정을 받은 느낌이었다. 수혜는 친한 친구 목록에서 민정을 지워버렸다.

어휘사용설명서

퇴행 삶이 버거울 때 사람들은 흔히 퇴행한다.

중2병은 퇴행 증상 중 하나다.

투사	부모가 자식에게 자신을 투사하면 가정이 불행하다.
	자기 잘못을 인정하지 못할 때 남에게 투사를 한다.
투서	진급 심사를 앞두고 서로를 비방하는 투서가 잇따랐다.
	청와대는 근거 없는 투서에 강력히 대처하기로 했다.
파장	부패사건의 파장이 어디까지 이어질지 짐작하기 어려웠다.
	대자보 한 장이 사회적으로 엄청난 파장을 몰고 왔다.
판로	새로운 판로를 개척하기 위해 중국으로 떠났다.
	기존 판로가 막히면서 큰 어려움에 봉착했다.
판이하다	그림을 그리는 방법이 보통 사람과 판이하다.
	관습과 판이하게 다른 태도로 인해 왕따가 되었다.
패소	승소할 줄 알았던 재판에서 패소하니 충격이 컸다.
	겉으로는 패소였지만 실제로는 승소한 거나 마찬가지였다.

漢字音 어휘사전

- **퇴행**退行 (심리학) 고달픔을 만나 발전하기 이전 상태, 즉 미성숙한 상 태로 되돌아감.
- **투사**投射 (심리학) 자기 자신을 스스로 용납하기 어렵거나 만족하지 못할 때 문제의 원인을 남 탓으로 돌림으로써 자신을 정 당화하는 무의식적인 마음의 작용.
- **투서**投書 남의 잘못을 몰래 알리려고 기관에 보내는 글.
- **파장**波長 어떤 사건이 끼치는 영향.
- **판로**販路 물건을 팔 곳.
- **판이하다**判異~ 서로 완전히 다르다.
- **패소**敗訴 재판에서 짐.

[어휘게임 2]

패악, 편중, 평이, 평정, 평판, 폐단, 폐관

　　민정은 그 뒤로 기회가 될 때마다 자기 아르바이트 자리가 어떻게 됐냐고 물었고, 안 됐다고 하면 수혜에게 화를 냈다. 거의 **패악**을 부리는 수준이었다. 시간이 가자 민정은 수혜 주위 친구들에게 거짓 소문을 흘렸다. 수혜 친구들은 대부분 노는 애들 쪽에 **편중**되어 있었고, 민정은 노는 애들 사이에 영향력이 컸기 때문에 수혜는 학교에서 외톨이가 되었다. 아르바이트는 생각보다 학교 생활과 달리 **평이했다.** 까다로운 손님이 와도 수혜는 밝고 즐거운 마음으로 **평정**을 유지했다. 수혜를 곱게 보지 않았던 지배인도 수혜가 좋은 **평판**을 얻자 칭찬을 아끼지 않았다. 다만 **폐단**이 있다면 일을 하느라 놀 시간이 없다는 것이었다. 전시관이나 영화관에 가기 위해선 **폐관** 전에 입장해야 하는데, 아르바이트를 끝내면 한밤중이었다. 하루도 쉬지 않고 늦은 시간까지 아르바이트를 했기 때문에 놀 시간이 아예 없었다.

어휘사용설명서

패악　스마트폰을 사달라고 엄마에게 해대는 패악이 끔찍했다.
　　　　평소에는 괜찮다가 술만 먹으면 패악을 부렸다.

편중	수도권 편중 현상을 해결하지 않으면 안 된다.
	엄격함에 편중된 규율이 학생들의 자율성을 훼손한다.
평이하다	표현 방식이 너무 평이해서 마음에 안 들어.
	평이한 이야기는 시청자의 관심을 끌지 못한다.
평정	풍랑이 거세도 어찌 내 마음의 평정을 어지럽히랴!
	성적표를 보고 평정을 잃은 아빠는 크게 화를 냈다.
평판	동네에서 인심 좋기로 평판이 자자했다.
	밖에서는 평판이 좋았으나 집안에서는 무시당하기 일쑤였다.
폐단	담합을 통해 부당이득을 취하는 폐단을 막기 위해 애썼다.
	경제개발로 환경오염이 심해지는 폐단이 발생했다.
폐관	박물관 폐관 시간을 잘못 알고 갔다가 낭패를 당했다.
	우리 동네 도서관은 몇 시에 폐관하지?

漢字音 어휘사전

- **패악**悖惡 　 사람의 도리에 어긋난 매우 나쁜 행동.
- **편중**偏重 　 한쪽으로 치우침.
- **평이하다**平易~ 　 까다롭지 않고 쉽다.
- **평정**平靜 　 마음이 평안하고 고요함.
- **평판**評判 　 세상 사람들의 평가와 판단.
- **폐단**弊端 　 어떤 일이나 행동에서 나타나는 나쁘거나 해로운 현상.
- **폐관**閉館 　 도서관, 박물관, 영화관 등이 일정 시간이 되어 문을 닫음.

[어휘게임 3]

폭정, 표명, 표변, 표상, 표출, 풍비박산, 풍월

민정이가 수혜를 대하는 것은 거의 **폭정** 수준이었다. 뒤에서 은근히 수혜를 고립시키던 민정은 어느 날, 주위 친구들에게 대놓고 수혜를 괴롭히겠다고 **표명했다**. 그리고 민정은 사사건건 수혜를 괴롭혔다. 그동안 수혜와 어울리던 친구들도 **표변하여** 민정 편에 섰다. 한때 잘나갔던 수혜는 어느 새 왕따의 새로운 **표상**으로 떠올랐다. 수혜는 가슴에 쌓이는 불만과 고통을 **표출할** 곳이 없었다. 예전에는 부모님이 자신에게 자유를 주어서 좋았지만, 지금은 부모님이 주는 자유가 무관심으로 보였다. 또 예전에는 학생 개인 사정을 선생님들이 모르는 게 좋았지만, 지금은 학생들 개인 사정 좀 제발 파악해달라고 애원하고 싶었다. 신뢰는 깨졌고, 지금까지 항상 당당했던 자존감이 완전히 **풍비박산** 나 버렸다. 한때 노는 애들 사이에서는 **풍월**께나 읊던 잘나가던 수혜는 완전히 자존감이 사라져 버린 것이다.

어휘사용설명서

폭정　지금도 세계 곳곳에는 폭정에 시달리는 사람들이 많다.
연산군의 폭정에 반기를 들고 일어났다.

표명하다	이승만은 대통령 자리에서 물러나겠다고 표명했다.
	유감이라 표명했지만 속으로 잘못을 인정하지 않았다.
표변하다	어떤 계기로 표변했는지 이해하기가 어려웠다.
	맑고 쾌활했는데 이혼을 한 뒤에 완전히 표변했다.
표상	무궁화는 우리나라를 표상하는 꽃이다.
	헬렌켈러는 고통 받는 장애인의 표상이다.
표출하다	이곳저곳에서 불만을 표출하는 무리가 늘었다.
	감정을 솔직히 표출하면 예의에 어긋난다고 여긴다.
풍비박산	풍비박산이 나 버린 조직을 추스르기 위해 안간힘을 썼다.
	사업이 실패하고 가정이 풍비박산이 되었다.
풍월	서당개 3년이면 풍월을 읊는다.
	얄팍한 풍월을 내세우다 개망신을 당했다.

漢字音 어휘사전

- **폭정**暴政 　백성들을 괴롭히는 아주 나쁜 정치.
- **표명하다**表明~ 　뜻이나 태도를 겉으로 분명히 밝히다.
- **표변하다**豹變~ 　마음이나 행동 따위가 갑자기 달라지다.
- **표상**表象 　본보기. 무언가를 대표할 만큼 상징적인 것.
- **표출하다**表出~ 　생각이나 느낌을 겉으로 드러내다.
- **풍비박산**風飛雹散 　나쁜 일로 인해 집이나 단체가 완전 깨져 흩어짐.
- **풍월**風月 　얻어들은 짧은 지식.

풍조, 풍자, 풍파, 풍채, 피상, 피습, 피폐

    수혜는 자신이 왕따를 당해서야 학교에 널리 퍼진 **풍조**가 눈에 들어왔다. 끼리끼리 몰려다니다 한 명이 그룹에서 재껴지면 바로 전교 왕따였다. 무리에서 따돌림 당하지 않기 위해 싫어도 괜찮은 척 지내는 수많은 애들의 불쌍한 몸부림이 애처로웠다. 자신에게 재주가 있다면 재미난 그림을 그려 이런 풍조를 적나라하게 **풍자**하고 싶었다. 민정으로 인해 별의별 **풍파**를 다 겪다 보니, 이제는 웬만한 고통은 고통으로 다가오지도 않았다. 아르바이트를 하는 패밀리 레스토랑에서는 더욱 인정을 받았고 급여도 올랐다. 이렇게 되자 학교 생활에서도 조금씩 주눅에서 벗어났고 점점 당당한 **풍채**를 회복했다. **피상**적인 모습만 보면 수혜는 전혀 왕따를 당하는 아이 같지 않았다. 내면의 자아도 민정의 **피습**을 받기 전 상태까지는 아니어도, **피폐한** 상태에서는 벗어났다.

어휘사용설명서

풍조   직업의 귀천을 돈으로 판단하는 풍조가 만연했다.

           불신 풍조를 해소하려면 사회지도층의 신뢰 회복이 필수다.

풍자   조선시대에도 서민들이 임금을 풍자하는 공연은 허락해주었다.

           양반전은 곳곳에 풍자와 해학이 넘쳐난다.

풍파	우리 집안은 대대로 온갖 풍파를 다 겪었다.
	험한 풍파가 몰아치자 출어를 포기했다.
풍채	김 첨지의 풍채에 은근히 기가 죽었다.
	풍채는 당당한데 하는 꼴은 영락없는 좀팽이였다.
피상	피상만 보고 본질을 파악하기는 어렵지 않을까?
	일부러 피상적인 견해를 거론하여 본질을 가렸다.
피습	피습을 당했지만 경호원들로 인해 목숨은 구했다.
	대사관을 피습한 테러리스트들은 요구조건을 내걸었다.
피폐하다	지나친 경쟁이 학생들을 피폐하게 만든다.
	백성의 삶은 더욱 피폐해질 것입니다.

漢字音 어휘사전

- **풍조**風潮   사회에 널리 퍼진 분위기.
- **풍자**諷刺   잘못을 다른 것에 빗대어 비웃고 비판함.
- **풍파**風波   세찬 바람과 거친 물결. 살면서 겪는 어려움.
- **풍채**風采   사람의 겉모습.
- **피상**皮相   어떤 일이나 현상이 겉으로 나타나 보이는 모양.
- **피습**被襲   습격을 당함.
- **피폐하다**疲弊~   몹시 지치고 쇠약해지다.

[어휘게임 5]

하직, 할애, 함구령, 함양, 함유, 항변, 해빙

인생을 **하직**하고 싶은 유혹까지 빠졌던 수혜는 웃음을 되찾았다. 수혜는 아르바이트를 하며 보람과 가치를 느꼈기에 다른 시간을 줄여가며 아르바이트에 최대한 시간을 **할애했다.** 수혜의 마지막 걱정은 민정이가 학교에 소문을 내고, 아르바이트를 못하게 방해를 하는 것이었다. 그러나 민정은 무슨 **함구령**이라도 받았는지 아르바이트 얘기는 꺼내지도 않았다. 수혜는 학교보다 일이 더 좋았다. 아르바이트를 통해 일하는 사람으로서 능력과 정서를 **함양**했다. 음식에 대한 관심도 늘어서 요리도 하나씩 배웠고, 첨가물에 대해 알게 되자 어떤 식료품을 사든 포장지에 적힌 **함유** 물질을 꼼꼼히 확인하는 버릇도 생겼다. 첨가물에 대해 자세히 알게 되자 식료품을 만드는 업자들에게 강력히 **항변**하고 싶었다. 수혜의 당당함은 주위 분위기도 바꿔 놓았다. 수혜를 괴롭히던 옛 친구들도 수혜와 **해빙**을 원하기 시작했다.

어휘사용설명서

하직 떠나기 전에 하직 인사를 드리러 찾아왔다.

그 작가는 36세라는 젊은 나이에 세상을 하직했다.

할애하다	수학 공부에 많은 시간을 할애했다.
	국방에 가장 많은 재정을 할애하는 풍토를 바꿔야 한다.
함구령	엄한 함구령에도 비밀이 외부로 새어나갔다.
	언론에 절대 알리지 말라는 함구령이 내려왔다.
함양	체벌은 정서 함양에 좋지 못한 결과를 준다.
	인격 함양을 위한 교육은 완전히 실종되었다.
함유	수돗물이 함유한 영양소는 생수와 대동소이하다.
	농약 성분이 함유된 콩나물이 유통되었다.
항변	피고는 끝까지 무죄라고 항변했지만 재판부는 받아들이지 않았다.
	잘못한 게 없다는 항변보다는 잘못을 인정하는 게 어때?
해빙	나루터는 해빙이 될 때까지 운영하지 않는다.
	남북 사이에 해빙 분위기가 형성되었다.

漢字音 어휘사전

- **하직**下直 먼 길을 떠날 때 웃어른께 인사를 드림. 죽음을 빗대는 말.
- **할애하다**割愛~ 시간, 돈, 장소 따위를 떼어서 내어 주다.
- **함구령**緘口令 어떤 일의 내용을 말하지 말라는 명령.
- **함양**涵養 품성이나 능력을 기름.
- **함유**含有 물질에 어떤 성분이 포함됨.
- **항변**抗辯 못마땅한 생각을 말하거나, 상대 의견에 반항하는 주장을 함.
- **해빙**解氷 얼음이 녹음. 대립하는 나라 사이에 화해 분위기가 형성됨.

[어휘게임 6]

해악, 해후, 해학, 행상, 향유, 허망, 험구

민정의 질투로 수많은 **해악**이 생겼지만 결국 수혜는 잘 이겨냈다. 그러던 어느 날 수혜는 아르바이트 자리를 소개해줬던 언니와 우연히 패밀리 레스토랑에서 **해후**하고는 즐거운 마음으로 점심을 먹었다. 정말 오랜만의 만남이었다. 수혜는 고마운 마음에 점심을 사기로 하고, 식사를 하는 내내 그동안 있었던 일을 **해학**적인 표현을 섞어가며 들려주었다. "그런데 언니는 그동안 어디 갔었어요?" "응, 나 외국에 여행 다녔어." "와! 부럽다." "부럽긴. 돈이 없어서 **행상**까지 하며 겨우 여행 경비를 조달했는데 뭐." "그래도 언니는 자유를 마음껏 **향유하잖아요.** 전 원래 놀려고 아르바이트를 시작했는데 일하느라 놀지도 못하고 진짜 허망해요." "**허망하면** 이 아르바이트 자리 소개해 준 나에 대한 **험구**도 많이 했겠네." 언니가 싱긋 웃으며 농담을 던졌다. "아니에요. 여기 일이 얼마나 좋은데요." 헤어지면서 언니가 수혜에게 선물을 내밀었다. "이게 뭐예요?" "커피!" 독특하고 황홀한 향이 나는 커피였다. 수혜는 커피 향에 빠져 언니가 나갈 때 지배인이 뒤에서 90도로 인사하는 것도 보지 못했다.

해악　친일파들은 우리 민족에게 수많은 해악을 끼쳤다.

　　　무지한 자보다 똑똑한 자가 사회에 끼치는 해악이 더 크다.

해후　극적인 해후가 이루어지는 순간에 기자들이 몰려들었다.

　　　이산가족들이 감격적인 해후를 했습니다.

해학　판소리에는 풍부한 해학이 살아 숨 쉰다.

　　　탈춤은 해학이 넘치는 표현과 이야기가 가득하다.

행상　뜨내기 행상이 올 때마다 집 나간 아들의 행방을 물었다.

　　　비록 행상이었지만 품질은 대형마트 못지않았다.

향유하다　4·19 이후 시민들은 자유를 마음껏 향유했다.

　　　주어진 행복도 향유하지 못하면서 언제 행복을 누리려느냐?

허망하다　귀하고 보람된 삶을 꿈꾸지 않는 삶은 허망하다.

　　　노력 없는 꿈은 허망하고, 꿈이 없는 노력은 무가치하다.

험구　남편은 여간해서는 남의 험구를 하지 않았다.

　　　험구를 늘어놓는 사람에게는 속마음을 내비치지 마라.

漢字音 어휘사전

- **해악**害惡　해를 끼치는 나쁜 일.
- **해후**邂逅　오랫동안 헤어졌다가 뜻밖에 다시 만남.
- **해학**諧謔　재치 있고 웃기는 말과 행동.
- **행상**行商　여기저기 돌아다니면서 물건을 파는 행위, 또는 사람.
- **향유하다**享有~　좋은 상태를 누리다.
- **허망하다**虛妄~　보람이 없고 기운이 빠지며 어이가 없다.
- **험구**險口　남의 흠을 들추어 헐뜯고 욕을 함.

[어휘게임 1]

험준, 현저, 현학적, 현혹, 혈안, 형국, 형극

수혜는 〈어휘를 파는 카페〉에 오게 됐고 〈어휘게임〉을 시작했다. 〈어휘게임〉 과정은 **험준했다.** 왜냐하면 수혜의 어휘 실력이 **현저히** 부족했기 때문이다. 평소에 공부 잘하는 애들을 **현학적**이라고 싫어했던 수혜였는데 〈어휘게임〉을 하게 되자 평소에 어휘 실력을 길러놓지 않은 걸 후회했다. 노는데 **현혹**되지 않고 열심히 책을 읽고 공부를 했더라면 훨씬 편하게 점수를 얻을 텐데 너무 아쉬웠다. 그래도 수혜는 점수를 한 점이라도 더 얻기 위해 **혈안**이 되어 〈어휘게임〉에 열중했다. 썩 유리한 **형국**은 아니었지만 게임을 잘하든 못하든 손해는 아니기에 부담스럽지는 않았다. 게임에서 단 1점을 얻지 못해도 자기 시간을 확보할 방법은 있기 때문이다. 꼴등을 하면 **형극**의 길을 가야하는 학교 공부와는 달리 〈어휘게임〉은 무조건 결과가 좋았다.

어휘사용설명서

험준하다   산에 오르면 오를수록 더욱 험준했다.

험준한 산세를 이용해 방어 진지를 구축했다.

현저하다   또래 아이들보다 현저하게 키가 작았다.

전력이 현저한 차이를 보였지만 굴하지 않고 경기에 임했다.

현학적   어른들의 현학적인 문체보다 아이의 글이 훨씬 자연스럽다.

        뻔히 보이는데도 현학적인 말투로 잘난 척 하려 애썼다.

현혹   홈쇼핑 광고에 현혹되어 쓸데없는 물건을 잔뜩 샀다.

        현란한 춤 솜씨와 고운 자태는 보는 이를 현혹하기에 충분했다.

혈안   상대 후보의 약점을 찾는 데 혈안이 되었다.

        돈벌이에만 혈안이 되어 인간미를 완전히 잃어버렸다.

형국   대결이 극한으로 치닫고 있는 형국이었다.

        단 한 번의 실수로 우리 편이 불리한 형국에 빠졌다.

형극   지독한 형극을 당해도 좌절하지 않고 꿋꿋하게 버텼다.

        독립 운동가들은 형극의 길을 걸었다.

漢字音 어휘사전

- **험준하다**險峻~   산이나 지형이 높고 가파르다.
- **현저하다**顯著~   한눈에 확인할 만큼 뚜렷이 드러나다.
- **현학적**衒學的   학식을 자랑하고 뽐내는.
- **현혹**眩惑   정신을 빼앗겨 바른 생각을 하지 못함.
- **혈안**血眼   독이 오른 눈. 기를 쓰고 달려 듦.
- **형국**形局   어떤 일이 벌어진 형편.
- **형극**荊棘   지독한 고난.

[어휘게임 2]

형세, 형언, 형용, 혜안, 호각, 호걸, 호기

수혜는 점차 〈어휘게임〉을 통해 많은 시간을 벌어들였다. 그리고 벌어들인 시간의 힘을 활용해 유리한 **형세**를 만들었다. 학생으로서 형언하기 어려운 돈을 써서 친구들이 남몰래 원하는 물건을 선물했다. 자신이 벌어들인 시간을 활용해 친구들이 겪는 고통과 고민을 알아내 위로를 해주었다. 그럴 때마다 친구들은 **형용**할 수 없이 고마워했다. 수혜가 쓰는 시간의 비밀을 모르는 친구들의 눈에는 수혜가 마치 친구의 속마음을 척척 알아내는 **혜안**을 지닌 사람으로 보였다. 친구들이 점점 수혜 편으로 모여들었고, 잠시 민정과 **호각**을 이루던 세력은 곧바로 수혜 쪽으로 기울었다. 수혜는 과거에 자신을 심하게 괴롭혔던 친구들도 **호걸**처럼 넉넉한 마음으로 받아들였다. 처음엔 **호기**롭게 버티던 민정은 겉으로 보기에도 눈에 띠게 불안해했다.

어휘사용설명서

형세   광해군은 중립을 유지하며 형세를 살폈다.
　　　　형세가 유리해지자 가차 없이 몰아붙였다.

형언하다   책 속에서 형언할 수 없는 즐거움을 깨달았다.
　　　　빼어난 풍경을 형언할 만한 단어를 찾지 못했다.

형용하다	그때 당했던 힘겨움을 말로 형용할 수가 없다.
	꽃잎 하나의 아름다움을 형용하기에도 내 능력은 부족하다.
혜안	프로메테우스는 앞날을 내다보는 혜안을 지녔다.
	놀라운 혜안으로 위기를 극복하는 방법을 제시했다.
호각	과연 맞수답게 호각을 이루었다.
	처음엔 팽팽한 호각이었지만 갈수록 청팀이 기세를 잡았다.
호걸	천하를 얻으려면 먼저 많은 호걸을 끌어들여야 합니다.
	과연 윤봉길 의사는 호걸 중에 호걸입니다.
호기	굳센 호기와 바위 같은 의지로 흔들림 없이 일제에 맞섰다.
	호기롭게 나섰지만 곧바로 낭패를 당했다.

漢字音 어휘사전

- **형세**形勢 　일이 되어 가는 상태.
- **형언하다**形言~ 　말로 표현하다.
- **형용하다**形容~ 　말, 글, 몸짓 따위로 사물이나 사람의 모양을 표현하다.
- **혜안**慧眼 　본질을 꿰뚫어 보는 지혜로운 눈.
- **호각**互角 　서로 우열을 가리기 어려울 정도로 역량이 비슷함.
- **호걸**豪傑 　지혜와 용기, 기개와 외모가 뛰어난 사람.
- **호기**豪氣 　씩씩하고 당당한 기상. 잘난 척하는 기운.

[어휘게임 3]

호도, 호사, 호사가, 호전, 호평, 혹사, 혹평

"그건 내 본 뜻이 아니었어. 사실은 경희가……." 민정은 비겁하게도 책임을 **호도하고** 있었다. 수혜는 학생으로서는 **호사**스럽기 그지없는 고급 음식을 차린 밥상 앞에서 너그럽게 웃기만 했다. "애들이 **호사가**처럼 엉뚱한 말을 옮겼어. 경희, 순영이, 영아, 난주……. 걔네들이 전부 그랬다니까." 수혜는 민정의 말에 적당하게 맞장구를 쳤다. 민정은 모든 것이 **호전**된다고 생각하며 긴장이 풀어졌다. 그러면서 주위 친구들과 선생님들이 수혜에 대한 **호평**을 아끼지 않는다는 아부까지 늘어놓았다. 민정은 자신이 아르바이트 하는 곳 사장이 얼마나 자신을 **혹사**시키는지 떠들더니, 편의점 알바는 전부 수준이 낮다고 **혹평**했다. 민정은 약간 들떴고, 수혜는 그런 민정을 너그러이 바라보기만 했다.

어휘사용설명서

호도하다 사태의 본질을 호도하는 세력은 도대체 누구냐?

정책 실패를 호도하기 위해 연예인 사건을 터트렸다.

호사 로또 1등에 당첨되자 대놓고 호사를 부렸다.

평생 고생했으니 늙어서 이 정도 호사는 누려도 되지?

호사가 또다시 일을 벌이다니 자네도 어지간히 호사가군.

가족에게는 불행이었지만 호사가들에게는 흥미꺼리일 뿐이다.

호전 경기 호전을 예측하는 전문가들은 거의 없었다.

상처를 처치하고 보살필 만큼 호전되었다.

호평 대단히 아름다운 작품이라고 호평했다.

전문가들의 호평과 달리 대중은 철저히 외면했다.

혹사 조금이라도 혹사를 당한다는 느낌이 들면 떠나도 좋다.

어린 아이들이 하루 14시간씩 중노동에 혹사당했다.

혹평 비평가들은 책에 엄청난 혹평과 비난을 가했다.

그 비평가는 베스트셀러일수록 혹평을 퍼붓기로 유명했다.

漢字音 어휘사전

- **호도하다**豪氣~   명확하게 드러내지 않고 감추거나 흐지부지 덮어 버리다.
- **호사**豪奢   호화로운 사치.
- **호사가**好事家   일을 벌이기 좋아하는 사람. 남의 일 말하기 좋아하는 사람.
- **호전**好轉   일이 좋은 쪽으로 바뀜. 병의 증세가 나아짐
- **호평**好評   좋게 평가함.
- **혹사**酷使   혹독하게 일을 시킴.
- **혹평**酷評   아주 좋지 않게 평가함.

[어휘게임 4]

혼비백산, 혼신, 홀대, 화색, 화신, 화평, 환부

"우리 노래방 갈까? 예전처럼 우리 신나게 놀자." 수혜의 말을 들은 민정은 놀라움이 지나쳐 **혼비백산**할 뻔했다. 수혜가 너무나 쉽게 자신과 다시 친해진 게 믿어지지 않았기 때문이다. 민정은 **혼신**의 힘을 짜내 고맙다는 말 한 마디를 뱉어냈다. "난 내 오랜 친구를 **홀대하지** 않아. 넌 친구잖아." 민정의 얼굴엔 **화색**이 돌았다. 수혜는 용서의 **화신**이라도 된 듯 활짝 웃으며 민정과 팔짱을 끼고 노래방으로 향했다. 그러나 사실은 마음속에 깊은 칼을 숨겨두고 있었다. 수혜는 결코 민정과 **화평**하게 지낼 생각이 없었다. 한 번 깊이 아팠던 **환부**는 아문 뒤에도 흔적이 남기 마련이다. 하물면 내면 깊이 자리한 환부가 사라졌을리 없다.

어휘사용설명서

혼비백산   호랑이가 나타나자 혼비백산해서 도망쳤다.

              기습 공격에 잠시 혼비백산했지만 재빨리 반격을 가했다.

혼신   혼신을 다해 짝사랑하라.

              경쟁 사회에서는 혼신의 노력을 기울여도 실패자는 나온다.

홀대하다	내 집에 오신 손님을 홀대하면 나중에 벌 받는다.
	제우스를 홀대한 사람들은 큰 화를 면치 못했다.
화색	취업에 성공하자 오빠 얼굴에 화색이 돌았다.
	손을 따자 창백한 얼굴에 차츰 화색이 돌기 시작했다.
화신	십 년 뒤, 그는 복수의 화신이 되어 나타났다.
	곱게 꾸미자 꽃의 화신이 된 듯 아름다웠다.
화평	갈등하기보다는 화평하게 살아야 하지 않을까?
	자식들이 떠나자 노부부는 화평한 삶을 누렸다.
환부	카메라로 환부 곳곳을 상세히 찍었다.
	썩은 환부를 도려내지 않으면 생명이 위험합니다.

漢字音 어휘사전

- **혼비백산**魂飛魄散 몹시 놀라 넋을 잃음.
- **혼신**渾身 온몸.
- **홀대하다**忽待~ 소홀히 대접하다.
- **화색**和色 밝고 환한 얼굴빛.
- **화신**化身 추상적인 특질이 구체적인 모습으로 나타남.
- **화평**和平 화목하고 평온함.
- **환부**患部 병이나 상처가 난 자리.

[어휘게임 5]

활로, 황망, 회유, 회의, 회포, 회한, 횡액

"1시간밖에 안 놀았는데 왜 이렇게 길게 논 기분이지?" 민정이 의문을 품었을 때 이미 **활로**는 없었다. 수혜의 눈에서 섬광이 나왔고, 수혜는 그동안 민정에게 쌓였던 분노를 폭발시켰다. 민정은 **황망해** 하며 어떻게든 수혜를 **회유해** 보려고 했으나 불가능했다. 수혜는 애원하는 민정을 시간의 미로 속에 가둬두고 빠져나와 버렸다. 이렇게 해도 되나 **회의**가 들었지만 잠깐이었다. 수혜는 〈어휘를 파는 카페〉에 갔다. 아는 언니, 아니 카페 주인이 수혜를 맞이했다. "민정이랑 **회포**는 잘 풀었니?" "잘 보내줬어요." 수혜는 씁쓸하게 웃었다. "나중에 왜 이렇게까지 했을까 하는 **회한**이 들지도 몰라." "괜찮아요. 저 게임해도 되죠?" "그럼." 수혜는 〈어휘게임〉을 했는데 머리가 복잡해 게임을 제대로 못했고, 자기 시간을 모두 잡아먹혀 버리고 말았다. 그동안 쌓아둔 시간을 너무 많이 써서 여유시간이 없었기 때문이다. 수혜는 자신도 모르게 시간의 미로에 갇히는 **횡액**을 맞고 말았다.

활로　　　미국 수출길이 막히자 중국 수출로 활로를 뚫었다.

　　　　　　막다른 길에 몰려도 활로는 꼭 있는 법이요.

황망하다　너무 놀라 황망히 지켜보기만 했다.

　　　　　　가기 싫어 게으름을 피우다 황망하게 집을 나섰다.

회유　　　그깟 돈으로 날 회유하려고 들다니 가소롭구나.

　　　　　　협박과 회유가 안 통자 결국 물리력을 동원했다.

회의　　　의사라는 직업에 회의를 느꼈다.

　　　　　　한 번 회의에 빠지니 도대체 의욕이 생기지 않았다.

회포　　　두 사람은 다정하게 마주 앉아 그간의 회포를 풀었다.

　　　　　　짧은 문자 속에 깊고 깊은 회포를 모두 쏟아냈다.

회한　　　늙어서 부질없는 회한에 잠기지 말고 지금 제대로 살아.

　　　　　　죽음에 이르러서야 회한의 눈물을 흘렸다.

횡액　　　자신은 횡액이라고 여기겠지만 남들은 인과응보라고 본다.

　　　　　　잘나가다가 당한 횡액인지라 충격은 훨씬 컸다.

漢字音 어휘사전

- **활로**活路　　어려움을 헤치고 살아나갈 방법.
- **황망하다**慌忙~　몹시 급하여 허둥지둥하다.
- **회유**懷柔　　남을 잘 달래어 자기 말을 따르도록 함.
- **회의**懷疑　　의심을 품음.
- **회포**懷抱　　마음속에 품은 생각이나 정.
- **회한**悔恨　　뉘우치고 한탄함.
- **횡액**橫厄　　뜻밖에 닥쳐오는 불행.

[어휘게임 6]

획책, 획행, 효험, 흉조, 희사, 희열, 힐책

그때였다. 카페 주인이 게임 속에서, 게임을 하는 나에게 말을 걸어왔다. "너는 내가 학생들의 결핍을 이용해 나쁜 짓을 **획책**한다고 비난할지도 몰라. 결핍과 고통이 **횡행하는** 시대를 교묘히 이용한다면서 말이야. 그러나 과연 그럴까? 그 학생들은 자기 시간을 보내길 간절히 원했지. 시간을 자기 마음대로 쓰는 **효험**은 아주 컸어. 삶을 행복하게 했으니까. 난 경고도 보내줬어. 시간을 과도하게 쓰면 **흉조**가 나타나게 했지. 나는 아이들에게 내가 지닌 힘을 기꺼이 **희사했고**, 아이들은 자기 시간을 보내는 **희열**을 마음껏 누렸어. 안타깝게도 아이들은 힘을 절제할 줄 몰랐어." 현수, 슬비, 선규가 자기 시간을 과도하게 쓰다가 시간의 미로 속에 갇히는 장면이 보였다. "과연 이걸 내 잘못이라고 **힐책**할 수 있을까? 이 학생들이 잃어버린 시간, 잃어버린 삶이 과연 내 책임일까?"

어휘사용설명서

획책 사회 혼란을 획책한다면서 무조건 잡아들여 처벌했다.

간신배들은 갖은 획책으로 이순신 장군을 괴롭혔다.

횡행하다   임금이 쾌락에 눈이 머니 탐관오리들이 횡행했다.

　　　　　　사람들 사이를 횡행하며 달려왔다.

효험　　　민간요법이 과연 암환자에게 효험이 있을까요?

　　　　　　치료를 한다고 당장 효험이 나타날 거라고 기대하지는 말게.

흉조　　　하늘을 뒤덮은 소나기는 소녀의 죽음을 암시하는 흉조였다.

　　　　　　예전에는 까마귀 울음을 흉조로 여기는 사람이 많았다.

희사하다   불우이웃 돕기 성금으로 1억 원을 희사했다.

　　　　　　죽을 때 내 전 재산을 사회에 희사할 용의가 있다.

희열　　　사랑받을 때보다 사랑할 때가 희열이 더 크다.

　　　　　　첫 전투에서 승리했다는 희열에 들떠 방비를 소홀히 했다.

힐책　　　아버지의 힐책이 아무리 옳아도 듣기 싫었다.

　　　　　　뒤늦게 감독을 힐책한다고 경기 결과가 바뀌진 않는다.

漢字音 어휘사전

- **힐책**劃策　　　남에게 해를 끼치는 나쁜 일을 꾸밈.
- **횡행하다**橫行~　아무 거리낌 없이 제멋대로 행동하다.
- **효험**效驗　　　어떤 일의 보람. 어떤 일을 하여 얻은 좋은 결과.
- **흉조**凶兆　　　나쁜 일이 일어날 징조.
- **희사하다**喜捨~　남을 돕는 데 돈이나 물건을 기쁜 마음으로 내놓다.
- **희열**喜悅　　　기쁨과 즐거움.
- **힐책**詰責　　　잘못한 점을 따져 나무람.

사라진 프로파일러,
어휘의 미로에 갇히다

수혜가 아는 언니는 바로 카페 주인이었다. 이 여인은 시간도, 외모도 자기 멋대로 바꿔 버린다. 내가 만난 사람 중에도 이 여인이 있었던 건 아닐까? 수많은 사람을 떠올렸지만 마땅히 이 사람이다 싶은 사람은 없었다. 우리는 다시 커피를 마시며 마주 앉았다.

"아직도 그들을 구하고 싶니?"

왠지 카페 주인의 말투가 달라진 듯했다. 별로 좋지 않은 조짐이다.

"당연하죠."

"왜지? 그들은 행복한 시간을 보내는 중인데."

"최소한 민정이와 현지는 아니죠. 그 둘은 원하지 않는 시간 속에 갇혔어요."

"그렇다 치고. 그럼 나머지 애들은 왜 구해야 하지?"

"선규는 게임 중독이에요. 게임 중독에 빠져 게임을 미친 듯이 하다가 자기 시간을 모조리 까먹고 게임 속에 갇혀 버렸다면, 당연히 구해야겠지요. 게임 중독에서 벗어나도록 도와야죠."

"……"

카페 주인은 흥미롭게 나를 살폈다.

"수혜도 마찬가지예요. 수혜는 자신이 원하는 시간을 누리고 있지 못해요. 수혜는 일을 하며 보람을 느꼈어요. 그 시간은 그 어떤 마법도 쓰지 않고, 누구의 시간도 빌려오지 않고, 자신의 시간도 팔지 않고, 그냥 온전히 누렸어요. 지금 수혜는 그 시간을 빼앗겼어요. 그러니 구해야죠."

카페 주인은 더 이상 커피를 마시지 않았다. 긴장한 기색이 역력했다.

"그럼 나머지 둘은 어떻지?"

"슬비는 엄마와 다정한 시간을 보내고 싶어 해요. 지금 슬비가 머무는 곳에는 엄마가 없어요. 당신(!)"

난 당신(!)이란 어휘를 내뱉어 놓고 잠시 머뭇거렸다. 카페 주인을 뭐라고 불러야 할지 헷갈렸고, 당신이란 어휘가 기분 나쁘게 들릴 지도 모른다고 생각했기 때문이다.

"당신이란 표현 괜찮아. 나는 그런 겉치레에 얽매이지 않아."

"당신은 슬비의 좌절감과 고독감을 이용해 슬비가 원하지도 않은 엉뚱한 길로 슬비를 가게 했어요. 슬비가 진정으로 원하는 시간을 돌려줘야 해요."

카페 주인이 손으로 커피 잔을 톡톡 두드렸다.

"마지막으로 선규는 왜 구해야 하는지 궁금하군."

"선택이죠."

"선택?"

"선규가 만약 지금도 시를 누리고 산다면 그건 다행이에요. 그러나 선규는 직접 선택하지 않았어요. 자신이 시간 속에 갇힐지, 말지 결정하지 않았어요. 그리고 선규는 당신이 아니라 진짜 엄마의 사랑이 필요해요. 당신이 엄마의 사랑을 주었다고 하지만, 그건 갈증이 목마른 선규를 끌어들이기 위한 수단이었을 뿐 진짜 선규를 위한 건 아니었어요."

카페 주인은 커피 잔을 소리 나게 내려놓았다.

"좋아! 아주 멋져! 나중에 정말 훌륭한 프로파일러가 되겠어. 이 땅의 범죄자들이 벌벌 떨 날이 오겠군. 그리고!"

나는 극도로 긴장되었다. 결정적인 순간이 왔다. 내 논리에 의해 카페 주인의 신념은 흔들렸다. 이럴 때 기회를 잡아야 한다.

"너에게 그들을 구할 기회를 주겠다. 단, 대가를 치러야 한다."

내가 굳이 기회를 잡을 필요도 없었다. 카페 주인은 알아서 이야기를 풀어나갔다.

"무슨 대가죠?"

"네가 벌어들인 시간을 내게 절반을 줘야 한다. 그것도 지금 당장!"

나는 망설임 없이 준다고 약속했다.

"나머지 절반의 시간으로 시간 속에 갇힌 그들을 구해라. 네 능력 껏!"

"어떻게 구하죠?"

"어휘게임방에 들어가라. 그 방에서 내가 간절히 원하는 걸 문장으로 전환하면 내가 원하는 시간 속으로 들어갈 것이다. 그 시간 속에서 그들의 커피 향을 찾아라. 거기서 내게 한 것처럼 그들을 설득하고, 그들이 동의하면 현실로 되돌아 올 수 있다."

"만약 시간 내에 돌아오지 못하면 어떻게 되는 거죠?"

"대답하지 않아도 알 텐데?"

시간에 갇힌다. 그럼 누군가가 나를 구하려고 들지 않는 한 나는 시간의 미로 속에 갇히게 된다. 이것은 아주 큰 모험이다. 나는 내가 얼마나 시간을 쌓아두고 있는지 모른다. 그리고 구하는데 얼마나 시간이 걸릴지도 모른다. 또 이 모든 것이 함정일지도 모른다. 그러나 내 욕망은 이런 우려를 불식시켰다.

결국 나는 어휘게임방 앞에 섰다. 그리고 지금껏 궁금했던 것을 마지막으로 물었다.

"그런데 왜 하필 〈어휘를 파는 카페〉죠? 왜 〈어휘게임〉을 통해 이런 일을 벌이는 거죠?"

"마지막일지도 모르니 말해주마. 나는 시간을 다스리는 힘을 여는 열쇠로 어휘만큼 좋은 것이 없기 때문에 어휘를 사용한단다. 사람은 어휘로 생각한다. 어휘가 생각을 만들고, 그 생각이 사람을 지배하지. 어휘에는 가치가 담겨 있고, 사람들은 그 가치에 따라 시간을 사용한다. '지겨워', '심심해' 같은 어휘를 떠올려 보거라! 지겹고 심심하다는 어휘는 시간을 가치 없게 만들고, 그 시간을 없애줬으면 하는 마음이 담긴다. 반면에 '소중해', '행복해' 같은 어휘는 정반대로 그 시간을 늘려 주길 바라는 마음이 담긴다. 사람은 어휘를 매개로 가치를 표현하고 판단한다. 그러니 시간을 조절하는 마법의 힘은 바로 어휘가 열쇠다."

이제서야 나는 이해가 되었다. 지금까지 나는 얼마나 많은 시간을 무가치하게 만들며 살았을까? 지금 이 순간의 선택이 나에게 정말 가치 있는 일일까? 망설임은 짧았고, 결정은 되돌릴 수 없었다.

시간에 갇힌 학생들을 구하는 일은 어렵지 않았다. 그러나 내가 어떻게 했다고 글로 묘사하기는 참 어렵다. 내가 경험한 시간을 표현하는 어휘가 이 세상에는 없기 때문이다. 어휘의 한계가 표현의 한계요, 생각의 한계였다. 나는 그저 커피 향을 따라서 시간을 걸었고, 다섯 명을 구했다. 아마 이 정도 표현이 적절해 보인다. 마지막 커피 향은 슬비였다. 슬비를 설득하고 원하는 문장을 떠올렸다. 시간과 공간이 이지러지며 몸이 붕 뜬 느낌이 들더니 발바닥이 닿은 느낌이 들었다. 시선을 어지럽히던 연기가 사라지더니 익숙한 골목이 나타났다. 〈어휘를 파는 카페〉가 있던 골목이었다. 카페는 사라지고 없었다. 그리고 아무 일도 없던든 학교와 아이들은 원래대로 돌아왔다. 진한 커피 향이 날 때마다 혹시나 하는 마음으로 〈어휘를 파는 카페〉를 찾았지만 다시 만나지는 못했다.

자신의 언어,
자신의 시간을 지키며 살기를!

진하고 독특한, 그 어디에서도 경험하지 못한 커피 향이 난다면, 바로 근처 어디에 〈어휘를 파는 카페〉가 있다. 카페 앞에서 "어휘를 파는 카페" 하고 소리 내어 말하면 낡은 철문이 열리고 카페 주인이 여러분을 맞이할 것이다. 카페 주인은 결혼한 신혼부부 이야기를 하며 한 잔의 커피를 내올 것이다. 물론 그 커피는 어디에서도 맛볼 수 없는 독특하고 황홀하다. 그러나 조심하라! 그 커피를 마시는 순간 당신은 〈어휘를 파는 카페〉 주인의 마법 속으로 말려든다. 카페 주인은 여러분에게 자연스럽게 〈어휘게임〉을 권하고, 여러분은 결코 그 게임을 거부할 수 없다. 그리고 〈어휘게임〉을 하다 보면 어떤 일이 펼쳐질지는 아무도 모른다.

〈어휘게임〉을 통해 당신은 시간을 다스리는 강력한 힘을 얻지만, 그 힘을 잘못 사용하면 자신도 다친다. 언어는 힘이다. 언어를 잘 사용하면 좋은 결과를 얻지만 잘못 사용하면 남뿐 아니라 자신도 다친다. 발 없는 말이 천리를 가며, 세치 혀가 바위를 부순다. 언어야말로 인간이 만든 가장 위대한 발명품이자, 가장 강력한 무기다. 현실에서 〈반지의 제왕〉에 나오는 절대 반지를 가장 많이 닮은 것이 바로 '언어'다. 그러니 조심해서 써야 한다. 카페 주인은 언어가 지닌 힘을 시간으로 전환해 마법을 부린다. 그 마법에 걸려들지 않으려면 말을 조심해야 한다. 바르게 써야 한다.

혹시 여러분이 〈어휘를 파는 카페〉를 만난다면 시간의 미로 속에 갇히지 않고 무사히 자신의 시간을 지키며 살기를 바란다.